すみっコぐらし™

新学習指導要領対応

小 … 間の漢字
スピ …
総復習ドリル

主婦と生活社 学習参考書編集部 編

主婦と生活社

電車《でんしゃ》でもカフェでも、すみっこの席《せき》が落《お》ち着《つ》く…。そんなこと、ありませんか？
さむがりの「しろくま」、自信《じしん》のない「ぺんぎん？」、はずかしがりやの「ねこ」など、
すみっこが大好《だいす》きなすみっコたちがいっぱい！

ねこ

はずかしがりやで気《き》が弱《よわ》く、よくすみっこをゆずってしまう。
体型《たいけい》を気《き》にしている。

とかげ

じつは、きょうりゅうの生《い》きのこり。つかまっちゃうのでとかげのふり。
みんなにはひみつ。

えびふらいのしっぽ

かたいから食《た》べのこされた。
とんかつとはこころつうじる友《とも》。

ざっそう

いつかあこがれのお花屋《はなや》さんでブーケにしてもらう！という夢《ゆめ》を持《も》つポジティブな草《くさ》。

にせつむり

じつはからをかぶったなめくじ。
うそついてすみません…。

ほこり

すみっこによくたまるのうてんきなやつら。

もくじ

すみっコぐらしのなかまたち

しろくま

北《きた》からにげてきた、さむがりでひとみしりのくま。あったかいお茶《ちゃ》をすみっこでのんでいる時《とき》がいちばんおちつく。

ぺんぎん？

自分《じぶん》はぺんぎん？自信《じしん》がない。昔《むかし》はあたまにおさらがあったような…。

とんかつ

とんかつのはじっこ。おにく1%《パーセント》、しぼう99%《パーセント》。あぶらっぽいからのこされちゃった…。

たぴおか

ミルクティーだけ先《さき》にのまれて吸《す》いにくいからのこされてしまった。ひねくれもの。

ブラックたぴおか

ふつうのたぴおかよりもっとひねくれている。

ふろしき

しろくまのにもつ。すみっこのばしょとりや さむいときに使《つか》われる。

すずめ

ただのすずめ。とんかつを気《き》に入《い》ってついばみにくる。

おばけ

屋根裏《やねうら》のすみっこにすんでいる。こわがられたくないのでひっそりとしている。おそうじ好《ず》き。

もぐら

地下《ちか》のすみっこにくらしていた。上《うえ》がさわがしくて気《き》になってはじめて地上《ちじょう》に出《で》た。赤《あか》い長《なが》ぐつがお気《き》に入《い》り。

このドリルの使《つか》い方《かた》

このドリルは、1年生《ねんせい》から6年生《ねんせい》までで習《なら》う漢字《かんじ》、1026字《じ》を学年別《がくねんべつ》に分《わ》けています。

各学年《かくがくねん》に分《わ》けた読《よ》み問題《もんだい》です。主《おも》な漢字《かんじ》の読《よ》み方《かた》が学《がく》習《しゅう》できます。

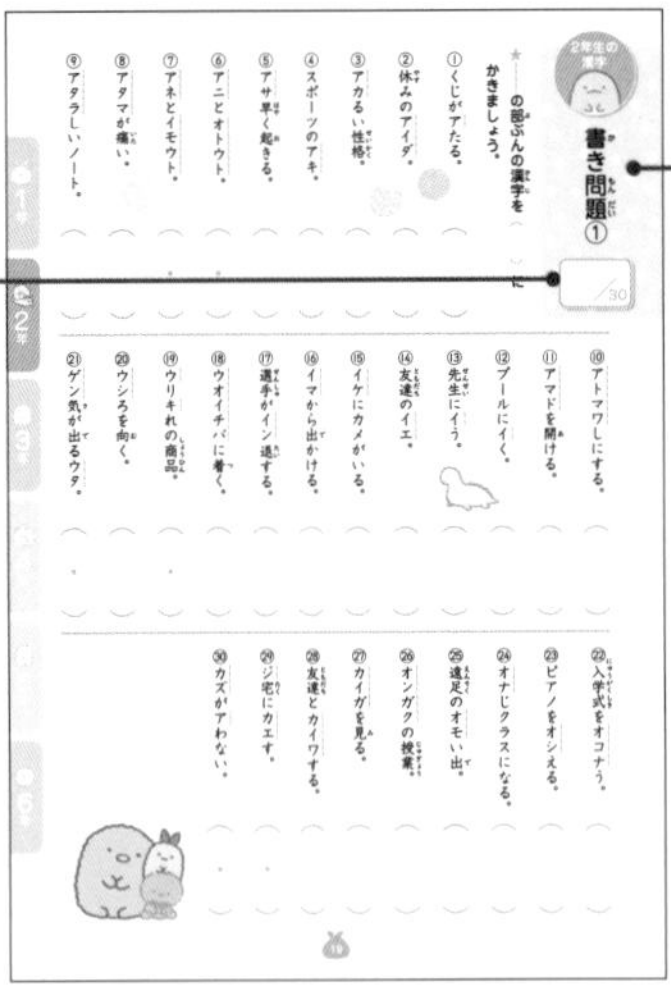

各学年《かくがくねん》に分《わ》けた書《か》き問題《もんだい》です。主《おも》な漢字《かんじ》の書《か》き取《と》りが学習《がくしゅう》できます。

終《お》わったら、おうちの方《かた》に答《こた》え合《あ》わせをしてもらい、点数《てんすう》をつけてもらいましょう。

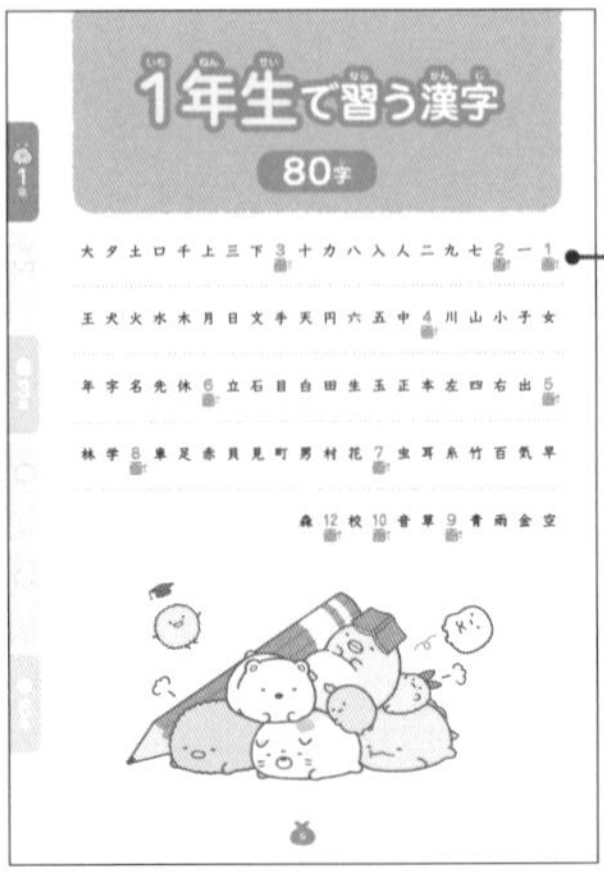

学年《がくねん》のはじまりには、その学年《がくねん》で習《なら》う漢字《かんじ》を画数《かくすう》順《じゅん》にまとめています。

おうちの方へ

- このドリルは、小学校で学習する国語のうち、漢字（全1026字）を中心に学習します。
- 2020年からの新学習指導要領に対応しています。
- 正しい答えは、85～95ページにあります。一回分の問題を解き終えたら、答え合わせをしてあげてください。
- まちがえた問題は、どこをまちがえたのか確認して、しっかり復習してください。

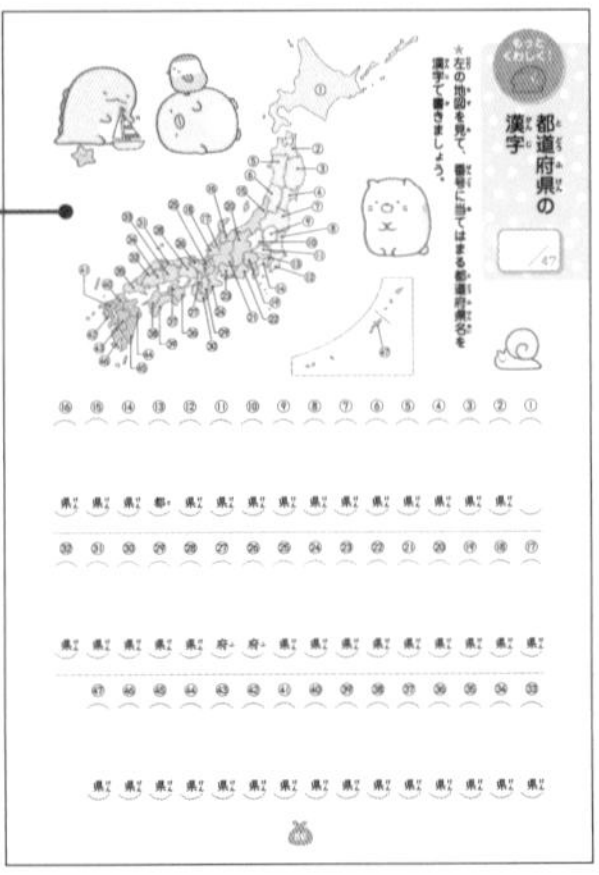

学年《がくねん》の終《お》わりには、漢字《かんじ》パズルやめいろ、都道府県《とどうふけん》の漢字《かんじ》など、知識《ちしき》が増《ふ》えるページがあります。

1年生《いちねんせい》で習《なら》う漢字《かんじ》

80字《じ》

大 夕 土 口 千 上 三 下 3画《かく》 十 力 八 入 人 二 九 七 2画《かく》 一 1画《かく》

王 犬 火 水 木 月 日 文 手 天 円 六 五 中 4画《かく》 川 山 小 子 女

年 字 名 先 休 6画《かく》 立 石 目 白 田 生 玉 正 本 左 四 右 出 5画《かく》

林 学 8画《かく》 車 足 赤 貝 見 町 男 村 花 7画《かく》 虫 耳 糸 竹 百 気 早

森 12画《かく》 校 10画《かく》 音 草 9画《かく》 青 雨 金 空

1年生の漢字

読《よ》み問題《もんだい》①

／30

★——の漢《かん》じの読《よ》みがなを（　）に書《か》きましょう。

①リンゴが一つ。（　）
②七五三のお祝《いわ》い。（　）
③階段《かいだん》を下りる。（　）
④地《ち》下鉄《てつ》に乗《の》る。（　）
⑤三人のグループ。（　）
⑥温度《おんど》が上がる。（　）
⑦上着《ぎ》を着《き》る。（　）
⑧世界《せかい》中を旅《たび》する。（　）
⑨本《ほん》を九冊《さつ》読《よ》む。（　）

⑩古《ふる》い校舎《しゃ》。（　）
⑪リンゴを二つに切《き》る。（　）
⑫トマトが五つ。（　）
⑬人口が多《おお》い国《くに》。（　）
⑭長《ちょう》男の服《ふく》。（　）
⑮連《れん》休の予定《よてい》。（　）
⑯先生の話《はなし》を聞《き》く。（　）
⑰入場券《じょうけん》を買《か》う。（　）
⑱折《お》り紙《がみ》が八枚《まい》。（　）
⑲六冊《さつ》のノート。（　）
⑳円いテーブル。（　）
㉑母《はは》と外《がい》出する。（　）

㉒力持《も》ちの兄《あに》。（　）
㉓自《じ》力で問題《もんだい》を解《と》く。（　）
㉔十人のチーム。（　）
㉕十日間《かん》。（　）
㉖千人が集《あつ》まる。（　）
㉗おだやかな口調《ちょう》。（　）
㉘右手を挙《あ》げる。（　）
㉙立派《りっぱ》な青年。（　）
㉚四月の行事《ぎょうじ》。（　）

1年生の漢字

読《よ》み問題《もんだい》②

/30

★——の漢《かん》じの読《よ》みがなを（　）に書《か》きましょう。

①土を耕《たがや》す。（　）

②夕方《がた》まで遊《あそ》ぶ。（　）

③大きなスイカ。（　）

④良《よ》い天気。（　）

⑤女の子《こ》の洋服《ようふく》。（　）

⑥子孫《そん》を残《のこ》す。（　）

⑦漢《かん》字の練習《れんしゅう》をする。（　）

⑧英語《えいご》を学ぶ。（　）

⑨小学生になった。（　）

⑩小さいハンカチ。（　）

⑪山頂《ちょう》からのながめ。（　）

⑫小川で遊《あそ》ぶ。（　）

⑬道路《どうろ》を左折《せつ》する。（　）

⑭土木工事《こうじ》。（　）

⑮黄《き》色《いろ》い花がさく。（　）

⑯草原《げん》の風《かぜ》。（　）

⑰熱《ねつ》が下がる。（　）

⑱宝《ほう》石を入れる。（　）

⑲作《さく》文を書《か》く。（　）

⑳毎《まい》日歯《は》をみがく。（　）

㉑朝《あさ》早く起《お》きる。（　）

㉒お月見をする。（　）

㉓木を植《う》える。（　）

㉔大本からやり直《なお》す。（　）

㉕森林浴《よく》をする。（　）

㉖村のお祭《まつ》り。（　）

㉗様《よう》子がおかしい。（　）

㉘クイズに正解《かい》する。（　）

㉙正直《じき》に話《はな》す。（　）

㉚きれいな空気。（　）

1年

1年生の漢字

読《よ》み問《もん》題《だい》③

／30

★——の漢《かん》じの読《よ》みがなを（　）に書《か》きましょう。

①水を飲《の》む。（　）

②火災《さい》が起《お》こる。（　）

③番《ばん》犬を飼《か》う。（　）

④王手をかける。（　）

⑤あめ玉をなめる。（　）

⑥海《うみ》の生き物《もの》。（　）

⑦一生のお願《ねが》い。（　）

⑧田植《う》えの季《き》節《せつ》。（　）

⑨背《せ》が高《たか》い男の人《ひと》。（　）

⑩町内会《ないかい》のお祭《まつ》り。（　）

⑪白衣《い》を着《き》る。（　）

⑫百まで数《かぞ》える。（　）

⑬黒板《こくばん》に注《ちゅう》目する。（　）

⑭磁《じ》石を使《つか》う。（　）

⑮座《ざ》席《せき》が空く。（　）

⑯立場《ば》を考《かんが》える。（　）

⑰竹やぶで遊《あそ》ぶ。（　）

⑱製《せい》糸工場《こうじょう》の建物《たてもの》。（　）

⑲耳をすます。（　）

⑳虫歯《ば》になる。（　）

㉑自分《じぶん》の意《い》見を言《い》う。（　）

㉒ホラ貝をふく。（　）

㉓赤飯《はん》を食《た》べる。（　）

㉔スリッパが二足。（　）

㉕電《でん》車に乗《の》る。（　）

㉖金色《いろ》の折《お》り紙《がみ》。（　）

㉗大雨が降《ふ》る。（　）

㉘名前《まえ》を書《か》く。（　）

㉙音楽《がく》の時間《じかん》。（　）

㉚風《かぜ》の音がする。（　）

書《か》き問題《もんだい》①

/30

★——の部分《ぶぶん》の漢《かん》じを（　）に書《か》きましょう。

①アオい絵《え》の具《ぐ》。（　）
②アカいランドセル。（　）
③アシが痛《いた》い。（　）

④アマのガワが見《み》える。（　・　）
⑤イチ番前《ばんまえ》の席《せき》。（　）
⑥毛《け》イトのセーター。（　）
⑦イヌのぬいぐるみ。（　）
⑧ウ量《りょう》を測《はか》る。（　）
⑨テーブルのウエ。（　）

⑩オウ様《さま》のマント。（　）
⑪雪《ゆき》オンナのお話《はなし》。（　）
⑫カ粉《ふん》が飛《と》び散《ち》る。（　）
⑬きれいなカイがら。（　）
⑭低《てい》ガクネンの教室《きょうしつ》。（　）
⑮大切《たいせつ》なおカネ。（　）
⑯カラの箱《はこ》。（　）

⑰カワカミにある村《むら》。（　）
⑱光《ひかり》かがやく宝《ほう》ギョク。（　）
⑲クサむしりをする。（　）
⑳食《た》べ物《もの》をクチにする。（　）
㉑クルマが走《はし》る。（　）

㉒ケ配《はい》を感《かん》じる。（　）
㉓ゲコウの時間《じかん》。（　）
㉔来《らい》ゲツの予定《よてい》。（　）
㉕かわいいコ供《ども》。（　）
㉖コイシを集《あつ》める。（　）
㉗ケーキがココノつ。（　）
㉘ゴホンのえん筆《ぴつ》。（　）
㉙黄《おう》ゴンのかんむり。（　）
㉚サキに帰《かえ》る。（　）

1年生の漢字

書《か》き問《もん》題《だい》②

／30

★——の部分《ぶぶん》の漢字《かんじ》を（　）に書《か》きましょう。

①サユウに注意《ちゅうい》する。（　）

②温度《おんど》をサげる。（　）

③荷物《にもつ》をシタに置《お》く。（　）

④ジッポンのクレヨン。（　）

⑤リレーの選《せん》シュ。（　）

⑥ビルの屋《おく》ジョウ。（　）

⑦後《ご》ジツに延期《えんき》する。（　）

⑧ジョシのチーム。（　）

⑨真《ま》っシロな雪《ゆき》。（　）

⑩スイ泳《えい》を習《なら》う。（　）

⑪事故《じこ》が発《はっ》セイする。（　）

⑫かぜでソウ退《たい》する。（　）

⑬ソラが明《あか》るくなる。（　）

⑭ソン長《ちょう》さんと話《はな》す。（　）

⑮教室《きょうしつ》の前《まえ》でタつ。（　）

⑯数《かず》がタりない。（　）

⑰ダイ好《す》きなアニメ。（　）

⑱タダしい答《こた》え。（　）

⑲筆箱《ふでばこ》からペンをダす。（　）

⑳ダンシチームと競《きそ》う。（　）

㉑チ代紙《よがみ》を折《お》る。（　）

㉒家《いえ》の裏《うら》のチクリン。（　）

㉓幼《よう》チュウを育《そだ》てる。（　）

㉔旅行《りょこう》をチュウ止《し》する。（　）

㉕家《いえ》の外《そと》にデる。（　）

㉖のどかなデン園《えん》。（　）

㉗広《ひろ》いト地《ち》。（　）

㉘トシシタの友達《ともだち》。（　）

㉙箱《はこ》のナカをのぞく。（　）

㉚ミカンがナナつ。（　）

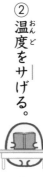

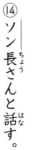

1年生の漢字

書《か》き問《もん》題《だい》③

/30

★——の部《ぶ》分《ぶん》の漢《かん》じを（　）に書《か》きましょう。

①ナマ卵《たまご》を食《た》べる。（　）
②美《うつく》しいネ色《いろ》。（　）
③プールにハイる。（　）
④草《くさ》がハえる。（　）
⑤ハヤシを散《さん》歩《ぽ》する。（　）
⑥強《つよ》ビでいためる。（　）
⑦ヒダリテで荷《に》物《もつ》を持《も》つ。（　）
⑧ヒト前《まえ》で歌《うた》う。（　）
⑨ヒャクエンのドーナツ。（　）

⑩イチゴがフタつ。（　）
⑪ブン章《しょう》を読《よ》む。（　）
⑫ホン屋《や》さんに寄《よ》る。（　）
⑬昔《むかし》のマチ並《な》み。（　）
⑭マルいテーブル。（　）
⑮テレビをミる。（　）
⑯ミッつ数《かぞ》える。（　）
⑰パンのミミを食《た》べる。（　）
⑱ミョウジで呼《よ》ぶ。（　）
⑲リンゴがムッつ。（　）
⑳メ印《じるし》をつける。（　）
㉑モク造《ぞう》の建物《たてもの》。（　）

㉒モジを書《か》く。（　）
㉓モリを歩《ある》く。（　）
㉔ゆっくりヤスむ。（　）
㉕ミニトマトがヤッつ。（　）
㉖ヤマ登《のぼ》りをする。（　）
㉗きれいなユウヒ。（　）
㉘ヨン枚《まい》のカード。（　）
㉙リッ派《ぱ》な成績《せいせき》。（　）
㉚体《たい》リョクがある。（　）

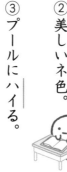

もっと
くわしく!

読《よ》み方《かた》が多《おお》い漢字《かんじ》

／23

❶ 上の読《よ》みがなを（　）に書《か》きましょう。

① ピアノが上達《たつ》する。（　　）
② 年《とし》上の人《ひと》。（　　）
③ 上着《ぎ》をぬぐ。（　　）
④ 川《かわ》上にある町《まち》。（　　）
⑤ テストの点《てん》が上がる。（　　）
⑥ 階段《かいだん》を上る。（　　）

❷ 下の読《よ》みがなを（　）に書《か》きましょう。

① 落《らっ》下を防《ふせ》ぐ。（　　）
② 集団《しゅうだん》で下校《こう》する。（　　）
③ 机《つくえ》の下にかくれる。（　　）
④ 川《かわ》下にある村《むら》。（　　）
⑤ 気温《きおん》が下がる。（　　）
⑥ 坂道《さかみち》を下る。（　　）
⑦ 荷物《にもつ》を下ろす。（　　）

❸ 生の読《よ》みがなを（　）に書《か》きましょう。

① 小学《しょうがく》生の人数《にんずう》。（　　）
② 誕《たん》生日《び》プレゼント。（　　）
③ 才能《さいのう》を生かす。（　　）
④ 私《わたし》が生まれた日《ひ》。（　　）
⑤ 雑草《ざっそう》が生える。（　　）
⑥ 生クリームをしぼる。（　　）

❹ 正の読《よ》みがなを（　）に書《か》きましょう。

① 正義《ぎ》の味方《みかた》。（　　）
② 正直《じき》な人《ひと》。（　　）
③ まちがいを正す。（　　）
④ 正夢《ゆめ》を見《み》た。（　　）

2年生《にねんせい》で習《なら》う漢字《かんじ》

160字《じ》

2画《かく》 刀

3画《かく》 万 丸 工 弓 才

4画《かく》 今 元 内 公 切 分 午 友 太 少 引 心 戸 方 止 毛 父 牛

5画《かく》 兄 冬 北 半 古 台 外 市 広 母 用 矢

6画《かく》 交 会 光 合 同 回 地 多 寺 当 池 毎 考 米 羽 肉 自 色 行 西

7画《かく》 何 作 体 図 声 売 弟 形 汽 近 来 社 角 言 谷 走 里 麦

8画《かく》 京 国 夜 姉 妹 岩 店 明 東 歩 画 直 知 長 門

9画《かく》 前 南 室 後 海 活 茶 思 春 星 昼 点 科 秋 計 風 食 首

10画《かく》 原 夏 家 帰 弱 通 時 書 紙 記 馬 高

11画《かく》 強 週 教 理 細 組 船 野 雪 魚 鳥 黄 黒

12画《かく》 場 道 晴 朝 番 答 絵 買 間 雲

13画《かく》 園 遠 数 新 楽 話 電

14画《かく》 歌 算 聞 語 読 鳴

15画《かく》 線

16画《かく》 親 頭

18画《かく》 曜 顔

読《よ》み問題《もんだい》①

／30

★——の漢字《かんじ》のよみがなを（　）にかきましょう。

①一万円札《さつ》。（　）
②丸薬《やく》を飲《の》む。（　）
③交通事故《じこ》が起《お》こる。（　）
④東京都《と》に住《す》んでいる。（　）
⑤何時に起《お》きましたか。（　）
⑥工作をする。（　）
⑦体育《いく》の授業《じゅぎょう》。（　）
⑧ピザを分け合う。（　・　）
⑨先生《せんせい》に会う。（　）

⑩元気な子供《こども》。（　）
⑪兄のお下《さ》がり。（　）
⑫日光がまぶしい。（　）
⑬ドアの内側《がわ》。（　）
⑭公立の小学校《しょうがっこう》。（　）
⑮冬季《き》オリンピック。（　）
⑯博物館《はくぶつかん》の日本刀。（　）
⑰はさみで切る。（　）
⑱五分間の休《きゅう》けい。（　）
⑲クリスマスの前夜。（　）
⑳北海道に行《い》く。（　）
㉑午後から出《で》かける。（　）

㉒半分ずつ食《た》べる。（　）
㉓南極大陸《きょくたいりく》。（　）
㉔一列《いちれつ》で行進《しん》する。（　）
㉕仲良《なかよ》しの友。（　）
㉖古い建物《たてもの》。（　）
㉗台風に備《そな》える。（　）
㉘合唱《しょう》の練習《れんしゅう》。（　）
㉙三対三《さんたいさん》の同点。（　）
㉚今回のイベント。（　）

読《よ》み問題《もんだい》②

/30

★ ――の漢字《かんじ》のよみがなを（　）にかきましょう。

① 地図で探《さが》す。

② 北国で育《そだ》つ。

③ 動物《どうぶつ》園に行《い》く。

④ 場外ホームラン。

⑤ 声優《ゆう》になりたい。

⑥ 本《ほん》の発《はっ》売日《び》。

⑦ 初《しょ》夏の日《ひ》差《ざ》し。

⑧ 予《よ》想《そう》が少し外れる。

⑨ 人《ひと》が多く集《あつ》まる。

⑩ 太陽《よう》がのぼる。

⑪ 姉の服《ふく》を借《か》りる。

⑫ 五《いつ》つ下《した》の妹。

⑬ 教室をそうじする。

⑭ 家族《ぞく》で出《で》かける。

⑮ お寺にお参《まい》りする。

⑯ 人口《じんこう》が減《げん》少する。

⑰ 弁《べん》当を持《も》って行《い》く。

⑱ 岩山を登《のぼ》る。

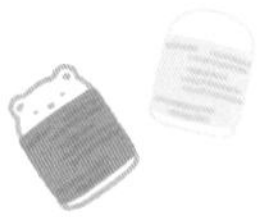

⑲ 市営《えい》バスに乗《の》る。

⑳ 学校《がっこう》から帰る。

㉑ 広大な宇宙《うちゅう》。

㉒ 句《く》読点。

㉓ バイオリンの弓。

㉔ 兄弟げんかをする。

㉕ 火力《かりょく》が弱い。

㉖ おみくじを引く。

㉗ 音《おと》の強弱。

㉘ 三角形をかく。

㉙ ピアノの才能《のう》がある。

㉚ 電池を入《い》れる。

読《よ》み問題《もんだい》③

／30

★——の漢字《かんじ》のよみがなを（　）にかきましょう。

① 汽笛《てき》が鳴《な》る。（　）
② 海辺《べ》で遊《あそ》ぶ。（　）
③ 活気のある店《みせ》。（　）
④ ほうじ茶を飲《の》む。（　）
⑤ 駅《えき》から近い。（　）
⑥ 一週間の予定《よてい》。（　）
⑦ 坂《さか》道を下《くだ》る。（　）
⑧ 遠足の準備《じゅんび》をする。（　）
⑨ 校庭《こうてい》の中心に立《た》つ。（　）

⑩ 意《い》思を尊重《そんちょう》する。（　）
⑪ 一戸建《だ》てに住《す》む。（　）
⑫ 習字《しゅうじ》を教わる。（　）
⑬ リンゴを数える。（　）
⑭ 細かい模様《もよう》。（　）
⑮ カレーの作《つく》り方。（　）
⑯ もうすぐ春。（　）
⑰ 冬の星座《ざ》。（　）
⑱ 夜明けの空《そら》。（　）
⑲ 説《せつ》明を聞く。（　）
⑳ 昼食をとる。（　）
㉑ よく晴れた日《ひ》。（　）

㉒ 土曜日の予定《よてい》。（　）
㉓ ひらがなで書く。（　）
㉔ 草原にすむ動物《どうぶつ》。（　）
㉕ との様《さま》の家来。（　）
㉖ スポーツを楽しむ。（　）
㉗ 歌手になりたい。（　）
㉘ 車《くるま》を止める。（　）
㉙ 駅《えき》まで歩く。（　）
㉚ 店頭で申《もう》しこむ。（　）

読《よ》み問題《もんだい》④

／30

★——の漢字《かんじ》のよみがなを（　）にかきましょう。

① 毎朝ニュースを見《み》る。（　）

② 暖《あたた》かい毛布《ふ》。（　）

③ 祖《そ》父母と旅行《りょこう》する。（　）

④ 子牛が産《う》まれた。（　）

⑤ 理由《ゆう》を聞く。（　）

⑥ 社会科の授業《じゅぎょう》。（　）

⑦ 良《よ》い考えがうかぶ。（　）

⑧ 薬《くすり》の作用。（　）

⑨ 計画を立《た》てる。（　）

⑩ 電話番号《ごう》を覚《おぼ》える。（　）

⑪ 友達《ともだち》と仲《なか》直りする。（　）

⑫ 三本《さんぼん》の矢。（　）

⑬ 物《もの》知りな人《ひと》。（　）

⑭ 直ちに出発《しゅっぱつ》する。（　）

⑮ 秋分の日《ひ》。（　）

⑯ テストの答案《あん》。（　）

⑰ 算数が得意《とくい》。（　）

⑱ 米をたく。（　）

⑲ 手紙をもらう。（　）

⑳ 木《き》に細工する。（　）

㉑ 新たな組織《しき》。（　）

㉒ 絵本を読《よ》む。（　）

㉓ 私鉄《してつ》の線路《ろ》。（　）

㉔ 虫《むし》の羽音。（　）

㉕ 新聞を読《よ》む。（　）

㉖ 肉食の動物《どうぶつ》。（　）

㉗ 自転車《てんしゃ》に乗《の》る。（　）

㉘ 風船で遊《あそ》ぶ。（　）

㉙ 三色のボールペン。（　）

㉚ アリの行列《れつ》。（　）

読《よ》み問題《もんだい》⑤

／30

★——の漢字《かんじ》のよみがなを（　）にかきましょう。

① 西日が入《はい》る。（　　）

② 親子の写真《しゃしん》。（　　）

③ 町角のお店《みせ》。（　　）

④ 発《はっ》言をする。（　　）

⑤ 結果《けっか》を記録《ろく》する。（　　）

⑥ みんなで話し合う。（　　・　　）

⑦ 国語のノート。（　　）

⑧ 音読の宿題《しゅくだい》。（　　）

⑨ 谷にかかる橋《はし》。（　　）

⑩ 洋服《ようふく》を買う。（　　）

⑪ 学校《がっこう》まで走る。（　　）

⑫ 郷《きょう》里の山《やま》。（　　）

⑬ 野生の動物《どうぶつ》。（　　）

⑭ 小麦粉《こ》をまぶす。（　　）

⑮ 長いスカート。（　　）

⑯ 正門から入《はい》る。（　　）

⑰ バスに間に合う。（　　・　　）

⑱ 大雪が降《ふ》る。（　　）

⑲ 雲海を見下《みお》ろす。（　　）

⑳ 頭上を見《み》る。（　　）

㉑ 顔を洗《あら》う。（　　）

㉒ 冷《つめ》たい風がふく。（　　）

㉓ 日本《にほん》の首都《と》。（　　）

㉔ かわいい子馬。（　　）

㉕ 高校の先生《せんせい》。（　　）

㉖ 魚を焼《や》く。（　　）

㉗ 小鳥を飼《か》う。（　　）

㉘ 悲《ひ》鳴を上《あ》げる。（　　）

㉙ 黄土色の洋服《ようふく》。（　　）

㉚ 黒板《ばん》を見《み》る。（　　）

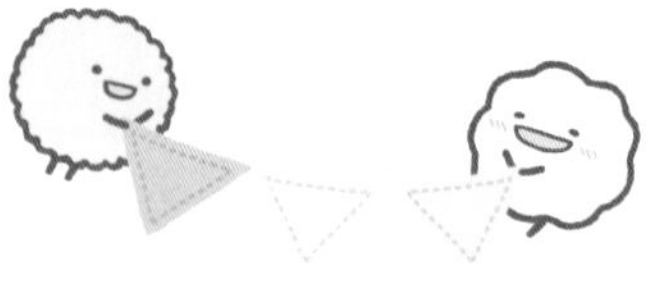

書《か》き問《もん》題《だい》①

/30

★——の部《ぶ》ぶんの漢字《かんじ》を（　）にかきましょう。

①くじがアたる。
②休《やす》みのアイダ。
③アカるい性格《せいかく》。
④スポーツのアキ。
⑤アサ早《はや》く起《お》きる。
⑥アニとオトウト。
⑦アネとイモウト。
⑧アタマが痛《いた》い。
⑨アタラしいノート。

⑩アトマワしにする。
⑪アマドを開《あ》ける。
⑫プールにイく。
⑬先生《せんせい》にイう。
⑭友達《ともだち》のイエ。

⑮イケにカメがいる。
⑯イマから出《で》かける。
⑰選手《せんしゅ》がイン退《たい》する。
⑱ウオイチバに着《つ》く。
⑲ウリキれの商品《しょうひん》。
⑳ウシろを向《む》く。
㉑ゲン気《き》が出《で》るウタ。

㉒入学式《にゅうがくしき》をオコナう。
㉓ピアノをオシえる。
㉔オナじクラスになる。
㉕遠足《えんそく》のオモい出《で》。
㉖オンガクの授業《じゅぎょう》。
㉗カイガを見《み》る。
㉘友達《ともだち》とカイワする。
㉙ジ宅《たく》にカエす。
㉚カズがアわない。

2年生の漢字

書《か》き問題《もんだい》②

/30

★——の部《ぶ》ぶんの漢字《かんじ》を（　）にかきましょう。

① 経験《けいけん》をカタる。

② カタチが変《か》わる。

③ カク度《ど》を測《はか》る。

④ 学校《がっこう》にカヨう。

⑤ カラダを洗《あら》う。

⑥ 石《せっ》けんで洗《せん》ガンする。

⑦ 大《おお》きなガンセキ。

⑧ 夕《ゆう》ガタにキ宅《たく》する。

⑨ 音《おと》がキこえる。

⑩ キイロいタンポポ。

⑪ キシャの模型《もけい》。

⑫ キタカゼがふく。

⑬ 得意《とくい》なキョウカ。

⑭ キンカイにすむ生物《せいぶつ》。

⑮ キンギョを飼《か》う。

⑯ 先生《せんせい》が家《いえ》にクる。

⑰ クビをかしげる。

⑱ 二年《にねん》二《に》クミ。

⑲ 真《ま》っ白《しろ》いクモ。

⑳ クロいランドセル。

㉑ ケイトのマフラー。

㉒ ゲツヨウ日《び》の時間割《じかんわ》り。

㉓ 本《ほん》を参《さん》コウにする。

㉔ ゴウ格《かく》のお祝《いわ》い。

㉕ コウエンで遊《あそ》ぶ。

㉖ コウチョウ先生《せんせい》。

㉗ 大《おお》きなコエでハナす。

㉘ コガタナで切《き》る。

㉙ コクナイを旅行《りょこう》する。

㉚ ココロ温《あたた》まるドラマ。

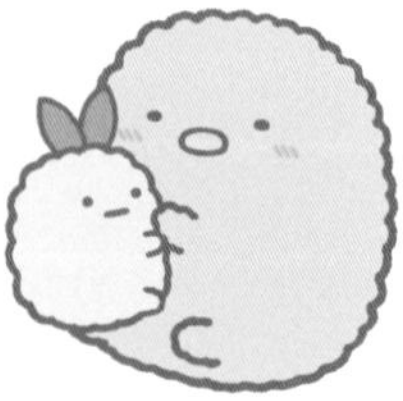

書《か》き問題《もんだい》③

／30

★——の部《ぶ》ぶんの漢字《かんじ》を（　　）にかきましょう。

① ゴゼン中《ちゅう》の授業《じゅぎょう》。

② コタえを出《だ》す。

③ 経費《けいひ》を精《せい》サンする。

④ 平《たい》らなジ面《めん》。

⑤ フルいジ院《いん》。

⑥ シタしい人《ひと》。

⑦ 神《じん》ジャのお祭《まつ》り。

⑧ シュンブンの日《ひ》。

⑨ 兄《あに》がジョウキョウする。

⑩ ショウジキな人《ひと》。

⑪ 住所《じゅうしょ》をシルす。

⑫ シンマイのご飯《はん》。

⑬ シンユウと遊《あそ》ぶ。

⑭ 人《ひと》がスクない。

⑮ セイ洋《よう》の歴史《れきし》。

⑯ 規則《きそく》正《ただ》しいセイカツ。

⑰ セイテンが続《つづ》く。

⑱ 除《じょ》セツ作業《さぎょう》をする。

⑲ センシュウのできごと。

⑳ リレーのソウ者《しゃ》。

㉑ ソトで遊《あそ》ぶ。

㉒ イチゴをタベる。

㉓ ダイに上《あ》がる。

㉔ ダイクの仕事《しごと》。

㉕ タイセツな本《ほん》。

㉖ 背《せ》がタカい。

㉗ タサイな人《ひと》。

㉘ タニガワのカエル。

㉙ チジンの家《いえ》を訪《たず》ねる。

㉚ チチオヤの背広《せびろ》。

2年生の漢字

書《か》き問《もん》題《だい》④

／30

★——の部《ぶ》ぶんの漢《かん》字《じ》を（　）にかきましょう。

①チョウショクの準備《じゅんび》。（　）

②チャイロのクレヨン。（　）

③チュウコの車《くるま》。（　）

④雨《あめ》でチュウシになる。（　）

⑤チョクセンで囲《かこ》む。（　）

⑥コメをツクる。（　・　）

⑦鹿《しか》のツノ。（　）

⑧雨《あめ》がツヨまる。（　）

⑨赤《あか》いデンシャ。（　）

⑩テストのテンスウ。（　）

⑪トオマワりをして帰《かえ》る。（　）

⑫トキが過《す》ぎるのを待《ま》つ。（　）

⑬トショシツの本《ほん》。（　）

⑭ベルがナる。（　）

⑮九月《くがつ》のナカば。（　）

⑯ナツヤスみの宿題《しゅくだい》。（　）

⑰ナニもしたくない。（　）

⑱ナマエを呼《よ》ぶ。（　）

⑲ニイ潟県《がたけん》の車《くるま》。（　）

⑳ニンギョウで遊《あそ》ぶ。（　）

㉑ギュウニクを焼《や》く。（　）

㉒ノハラをハシる。（　・　）

㉓マンションのバイバイ。（　）

㉔タイムをハカる。（　）

㉕ハクチョウがいる湖《みずうみ》。（　）

㉖カボチャのバシャ。（　）

㉗トンボのハネ。（　）

㉘ハハと出《で》かける。（　）

㉙ヒガシ向《む》きの窓《まど》。（　）

㉚月《つき》のヒカリ。（　）

書《か》き問《もん》題《だい》⑤

/30

★──の部《ぶ》ぶんの漢字《かんじ》を（　）にかきましょう。

① ヒルヤスみ。（　）

② 庭《にわ》がヒロい。（　）

③ フトい柱《はしら》。（　）

④ 大《おお》きなフネ。（　）

⑤ フユ物《もの》の洋服《ようふく》。（　）

⑥ 良《よ》いホウ法《ほう》がある。（　）

⑦ ホシがかがやく。（　）

⑧ ホソいリボン。（　）

⑨ ホドウ橋《きょう》をわたる。（　）

⑩ マイニチの習慣《しゅうかん》。（　）

⑪ 線路《せんろ》がマジわる。（　）

⑫ チ球《きゅう》はマルい。（　・　）

⑬ マンイチに備《そな》える。（　）

⑭ ミズカら名乗《なの》る。（　）

⑮ ミセバンをする。（　）

⑯ ミナミ向《む》きの部屋《へや》。（　）

⑰ ムギチャを飲《の》む。（　）

⑱ ペンをモチいる。（　）

⑲ モトドオりにしまう。（　）

⑳ 大《おお》きなモンを開《ひら》く。（　）

㉑ ヤ印《じるし》をつける。（　）

㉒ 小《ちい》さなおヤシロ。（　）

㉓ 静《しず》かなヤマザト。（　）

㉔ ユミをヒく。（　・　）

㉕ 本《ほん》をヨむ。（　）

㉖ コピーヨウシ。（　）

㉗ ヨルになる。（　）

㉘ 火《ひ》をヨワめる。（　）

㉙ ラクな姿勢《しせい》。（　）

㉚ リカの実験《じっけん》。（　）

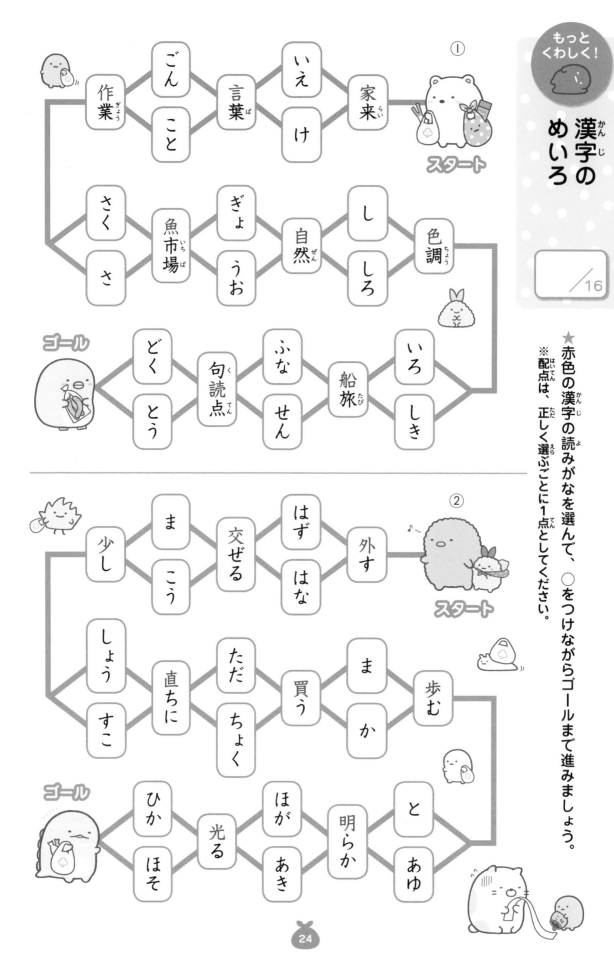

もっとくわしく！

漢字《かんじ》のめいろ

/16

★赤色の漢字《かんじ》の読《よ》みがなを選んで、○をつけながらゴールまで進みましょう。

※配点《はいてん》は、正《ただ》しく選《えら》ぶごとに1点《てん》としてください。

①

スタート

家来《らい》

いえ　け

言葉《ば》

ごん　こと

作業《ぎょう》

さく　さ

魚市《いち》場《ば》

ぎょ　うお

自然《ぜん》

し　しろ

色調《ちょう》

いろ　しき

船旅《たび》

ふな　せん

句《く》読点《てん》

どく　とう

ゴール

②

スタート

外す

はず　はな

交ぜる

ま　こう

少し

しょう　すこ

直ちに

ただ　ちょく

買う

ま　か

歩む

と　あゆ

明らか

ほが　あき

光る

ひか　ほそ

ゴール

3年生で習う漢字

200字

皿皮由申礼氷打平央号去写代他仕主世 **5画**_{かく} 反区化予 **4画**_{かく} 丁 **2画**_{かく}

決投役局対坂君医助住 **7画**_{かく} 血羊死次有曲式州守安向列 全両 **6画**_{かく}

放所苦油波注泳幸岸定実始委味和命受取具使事 **8画**_{かく} 身豆究返

神炭柱昭急追送洋拾持指待度屋客品係乗 **9画**_{かく} 表育者物板服昔

息院速荷流消庭庫島宮員勉倍 **10画**_{かく} 面重負美級秒研相県発畑界

習終笛第章祭球族悪部都進深帳宿問商動 **11画**_{かく} 配酒起真病根旅

開軽着筆等童短登植期暑悲陽階遊運落葉湯港湖温寒勝 **12画**_{かく} 転

鉄農路詩福業暗想感意漢 **13画**_{かく} 歯飲集

調談箱横 **15画**_{かく} 鼻駅銀練緑様 **14画**_{かく}

題 **18画**_{かく} 館橋整薬 **16画**_{かく}

3年生の漢字

読《よ》み問題《もんだい》①

／30

★——のかん字《じ》の読《よ》みがなを（　）に書《か》きましょう。

①包《ほう》丁で野菜《やさい》を切《き》る。（　　）
②中世の歴史《れきし》を学《まな》ぶ。（　　）
③八両編成《へんせい》の電車《でんしゃ》。（　　）
④犬《いぬ》の飼《か》い主。（　　）

⑤乗車券《けん》を買《か》う。（　　）
⑥明日《あす》の天気《てんき》予報《ほう》。（　　）
⑦物事をよく考《かんが》える。（　　）
⑧学校《がっこう》の行事。（　　）
⑨他のバスを待《ま》つ。（　　）

⑩奈良《なら》時代の歴史《れきし》。（　　）
⑪先生《せんせい》の代わりに話《はな》す。（　　）
⑫海《うみ》の近《ちか》くに住む。（　　）
⑬コンパスを使う。（　　）
⑭クラスの係。（　　）
⑮人一倍がんばる。（　　）
⑯給食《きゅうしょく》を全て食《た》べる。（　　）
⑰具だくさんのカレー。（　　）
⑱文字《もじ》を書《か》き写す。（　　）
⑲三列に並《なら》ぶ。（　　）
⑳人《ひと》を助ける。（　　）

㉑勉学にはげむ。（　　）

㉒電車《でんしゃ》が動く。（　　）
㉓勝利《り》を収《おさ》める。（　　）
㉔気候《きこう》が変《へん》化する。（　　）
㉕教室《きょうしつ》を区切る。（　　）
㉖医学を学《まな》ぶ。（　　）
㉗データを消去する。（　　）
㉘板《いた》が反る。（　　）
㉙本《ほん》を手《て》に取る。（　　）
㉚試験《しけん》を受ける。（　　）

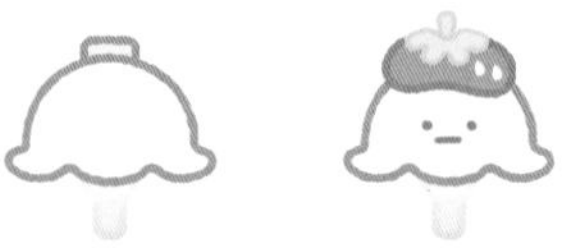

読《よ》み問題《もんだい》②

／30

★――のかん字《じ》の読《よ》みがなを（　）に書《か》きましょう。

① 号令《れい》をかける。（　）
② 学力《がくりょく》が向上する。（　）
③ 右《みぎ》を向く。（　）

④ 主君に従《したが》う。（　）
⑤ 命令《れい》を下《くだ》す。（　）
⑥ 春《はる》らしい色調。（　）
⑦ 品数が多《おお》い。（　）
⑧ 委員会で話《はな》し合《あ》う。（　）
⑨ 商品を並《なら》べる。（　）

⑩ やり方《かた》を問う。（　）
⑪ 手料理《てりょうり》を味わう。（　）
⑫ 坂が多《おお》い町《まち》。（　）
⑬ 教室《きょうしつ》の中央に立《た》つ。（　）
⑭ 夏休《なつやす》みが始まる。（　）
⑮ 交通《こうつう》安全。（　）
⑯ 安らかな気分《きぶん》。（　）
⑰ 守備《び》を固《かた》める。（　）
⑱ 約束《やくそく》を守る。（　）

⑲ たくさん実がなる。（　）
⑳ 目標《もくひょう》を定める。（　）
㉑ お客さんが来《く》る。（　）

㉒ 宮中の料理《りょうり》。（　）
㉓ 雨宿りをする。（　）
㉔ 寒冷《れい》な気候《きこう》。（　）
㉕ 対角線《せん》を引《ひ》く。（　）
㉖ 局地的《てき》に雨《あめ》が降《ふ》る。（　）
㉗ 火《ひ》が消える。（　）
㉘ 海岸を歩《ある》く。（　）
㉙ 沖縄諸《おきなわしょ》島。（　）
㉚ 本州と四国《しこく》。（　）

3年生の漢字

読《よ》み問題《もんだい》③

/30

★——のかん字《じ》の読《よ》みがなを（　）に書《か》きましょう。

①銀行《ぎんこう》の通帳。（　）

②平等に分《わ》ける。（　）

③幸運なできごと。（　）

④温度を測《はか》る。（　）

⑤倉《そう》庫にしまう。（　）

⑥庭に花《はな》がさく。（　）

⑦小学校《しょうがっこう》の入学《にゅうがく》式。（　）

⑧屋上のある家《いえ》。（　）

⑨胸《むね》が苦しい。（　）

⑩友達《ともだち》と待ち合《あ》わせる。（　）

⑪打開策《さく》を見《み》つける。（　）

⑫新聞《しんぶん》に投書する。（　）

⑬指示《じ》に従《したが》う。（　）

⑭お弁当《べんとう》を持参《さん》する。（　）

⑮えんぴつを拾う。（　）

⑯話《はな》し合《あ》いで決定する。（　）

⑰プールで泳ぐ。（　）

⑱みんなに注目される。（　）

⑲水《みず》を注ぐ。（　）

⑳波が高《たか》い。（　）

㉑ごま油を入《い》れる。（　）

㉒東洋の文化《ぶんか》。（　）

㉓姿《すがた》を消す。（　）

㉔国王《こくおう》に仕える。（　）

㉕深海の魚《さかな》。（　）

㉖親交《しんこう》を深める。（　）

㉗湖面に月《つき》が映《うつ》る。（　）

㉘大《おお》きな船《ふね》が出港する。（　）

㉙熱《ねっ》湯を入《い》れる。（　）

㉚漢数字で書《か》く。（　）

読《よ》み問題《もんだい》④

/30

★――のかん字《じ》の読《よ》みがなを（　）に書《か》きましょう。

①苦手なスポーツ。（　）

②引《ひ》っこしの荷造《づく》り。（　）

③きれいな言葉づかい。（　）

④選挙《せんきょ》で落選《せん》した。（　）

⑤薬品を混《ま》ぜる。（　）

⑥メールに返信《しん》する。（　）

⑦家《いえ》まで送る。（　）

⑧利益《りえき》を追求《きゅう》する。（　）

⑨犬《いぬ》に追いかけられた。（　）

⑩スピードを速める。（　）

⑪高校《こうこう》に進学する。（　）

⑫前《まえ》に進む。（　）

⑬料理《りょうり》を運ぶ。（　）

⑭遊園地に行《い》く。（　）

⑮都民《みん》の人口《じんこう》。（　）

⑯部首を覚《おぼ》える。（　）

⑰けがで入院する。（　）

⑱階級が上《あ》がる。（　）

⑲陽気な性格《せいかく》。（　）

⑳急に雨《あめ》が降《ふ》る。（　）

㉑急いで学校《がっこう》に行《い》く。（　）

㉒休息をとる。（　）

㉓アニメの悪役。（　）

㉔別《わか》れを悲しむ。（　）

㉕出《で》かける用意をする。（　）

㉖感動する映画《えいが》。（　）

㉗将来《しょうらい》を想像《ぞう》する。（　）

㉘坂《さか》を下《くだ》った所。（　）

㉙ボールを放る。（　）

㉚体調《たいちょう》を整える。（　）

3年生の漢字

読《よ》み問《もん》題《だい》⑤

／30

★――のかん字《じ》の読《よ》みがなを（　）に書《か》きましょう。

① 旅の思《おも》い出《で》。（　　）

② 水族館に行《い》く。（　　）

③ 昔の町《まち》並《な》み。（　　）

④ 暑気あたり。（　　）

⑤ 昭和生《う》まれの人《ひと》。（　　）

⑥ 暗算で答《こた》えを出《だ》す。（　　）

⑦ 左《ひだり》に曲がる。（　　）

⑧ 有り金《がね》をはたく。（　　）

⑨ 期待が外《はず》れる。（　　）

⑩ 中学校《ちゅうがっこう》の制《せい》服。（　　）

⑪ お店《みせ》の営《えい》業時《じ》間《かん》。（　　）

⑫ まな板を洗《あら》う。（　　）

⑬ 電柱にぶつかる。（　　）

⑭ ユリの球根。（　　）

⑮ 植物を観察《かんさつ》する。（　　）

⑯ スカートの模《も》様。（　　）

⑰ 横断《だん》歩《ほ》道《どう》。（　　）

⑱ 陸《りっ》橋をわたる。（　　）

⑲ 本《ほん》の目次を見《み》る。（　　）

⑳ 死因《いん》が分《わ》かる。（　　）

㉑ オホーツク海《かい》の流氷。（　　）

㉒ 炭酸水《さんすい》を買《か》う。（　　）

㉓ 球を受《う》け止《と》める。（　　）

㉔ 失《しっ》礼な言《い》い方《かた》。（　　）

㉕ 神様にお願《ねが》いする。（　　）

㉖ 大福を食《た》べる。（　　）

㉗ クラスの人気者。（　　）

㉘ ウサギを飼《し》育する。（　　）

㉙ 申し開きをする。（　　）

㉚ 神聖《せい》な山《やま》。（　　）

読《よ》み問題《もんだい》⑥

/30

★——のかん字《じ》の読《よ》みがなを（　）に書《か》きましょう。

①視《し》界が広《ひろ》い。

②畑作がさかんな地域《ちいき》。

③病が治《なお》る。

④宝《たから》を発見した。

⑤遠足《えんそく》で登山する。

⑥皮肉を言《い》う。

⑦大皿に盛《も》りつける。

⑧県の名産品《めいさんひん》。

⑨話《はな》し相手になる。

⑩真ん中《なか》に立《た》つ。

⑪不《ふ》幸中《ちゅう》の幸い。

⑫時間《じかん》を短縮《しゅく》する。

⑬歴史《れきし》の研究をする。

⑭音楽《おんがく》の祭典《てん》。

⑮秒速五《ご》メートル。

⑯三角《さんかく》定規《ぎ》。

⑰校章をつける。

⑱児《じ》童の人数《にんずう》。

⑲ランキングの第一位《い》。

⑳電車《でんしゃ》の警《けい》笛。

㉑筆圧《あつ》が強《つよ》い。

㉒大《おお》きな箱。

㉓アニメの最《さい》終回《かい》。

㉔おいしい緑茶。

㉕作戦《さくせん》を練る。

㉖羊毛のセーター。

㉗美容《よう》に良《よ》い食事《しょくじ》。

㉘飛行機《ひこうき》が着陸《りく》する。

㉙自分《じぶん》の席《せき》に着く。

㉚英語《えいご》を習う。

1年

3年

6年

3年生の漢字

読《よ》み問題《もんだい》⑦

／30

★——のかん字《じ》の読《よ》みがなを（　）に書《か》きましょう。

① 手《て》から血が出《で》る。（　）

② 電車《でんしゃ》の時刻《じこく》表。（　）

③ 詩を書《か》く。（　）

④ 先生《せんせい》と面談する。（　）

⑤ 魚《さかな》を調理する。（　）

⑥ 豆乳《にゅう》を入《い》れた料理《りょうり》。（　）

⑦ 大豆を食《た》べる。（　）

⑧ 負担《たん》を減《へ》らす。（　）

⑨ 起立して礼《れい》をする。（　）

⑩ 家路につく。（　）

⑪ 身長を測《はか》る。（　）

⑫ 坂道《さかみち》を転がる。（　）

⑬ 軽食をとる。（　）

⑭ 農地を耕《たがや》す。（　）

⑮ 料理《りょうり》酒を入《い》れる。（　）

⑯ 動画《どうが》を配信《しん》する。（　）

⑰ こまやかな心配り。（　）

⑱ 話《はなし》が重複《ふく》する。（　）

⑲ 重たいバッグ。（　）

⑳ 地下鉄のマナー。（　）

㉑ 銀色の折《お》り紙《がみ》。（　）

㉒ 教室《きょうしつ》に集合する。（　）

㉓ 友達《ともだち》が集まる。（　）

㉔ 平たいものを包《つつ》む。（　）

㉕ 本《ほん》の題名。（　）

㉖ 冷《つめ》たい飲料水《りょうすい》。（　）

㉗ 洋風《ようふう》の館。（　）

㉘ 各《かく》駅に停車《ていしゃ》する。（　）

㉙ 乳《にゅう》歯がぬけた。（　）

㉚ 鼻をかむ。（　）

書《か》き問《もん》題《だい》①

/30

★——のぶ分《ぶん》のかん字《じ》を（　）に書《か》きましょう。

①ドアをアける。（　）

②友達《ともだち》とアソぶ。（　）

③アタタかいスープ。（　）

④アツい日《ひ》が続《つづ》く。（　）

⑤効果《こうか》がアラワれる。（　）

⑥イキが切《き》れる。（　）

⑦イシャになる。（　）

⑧イノチを大切《たいせつ》にする。（　）

⑨英単語《えいたんご》のイミ。（　）

⑩試験《しけん》にウかる。（　）

⑪花火《はなび》をウち上《あ》げる。（　）

⑫花《はな》をウえる。（　）

⑬机《つくえ》をウゴかす。（　）

⑭ウツクしい景色《けしき》。（　）

⑮エキで待《ま》ち合《あ》わせる。（　）

⑯ハンカチをオとす。（　）

⑰友達《ともだち》をオいかける。（　）

⑱テストがオわる。（　）

⑲朝七時《あさしちじ》にオきる。（　）

⑳ビルのオクジョウ。（　）

㉑オモな話題《わだい》。（　）

㉒千円札《せんえんさつ》のオモテ。（　）

㉓試合《しあい》にカつ。（　）

㉔ビルのカイ段《だん》。（　）

㉕本《ほん》をカエす。（　）

㉖折《お》り紙《がみ》をカサねる。（　）

㉗カゾクで出《で》かける。（　）

㉘ランドセルがカルい。（　）

㉙バナナのカワをむく。（　）

㉚カワギシを歩《ある》く。（　）

書《か》き問題《もんだい》②

／30

★——のぶ分《ぶん》のかん字《じ》を（　）に書《か》きましょう。

① カン字《じ》で名前《なまえ》を書《か》く。

② 読書《どくしょ》カンソウ文《ぶん》を書《か》く。

③ 行《い》き先《さき》をキめる。

④ コートをキる。

⑤ 卵《たまご》のキミ。

⑥ キミの話《はなし》を聞《き》く。

⑦ ホテルのキャクシツ。

⑧ 特《とっ》キュウ電車《でんしゃ》に乗《の》る。

⑨ キュウシュウ地方《ちほう》。

⑩ 国語《こくご》の授《じゅ》ギョウ。

⑪ テレビキョクに行《い》く。

⑫ 好《す》きなキョクモク。

⑬ ギンコウに行《い》く。

⑭ ク労《ろう》が絶《た》えない。

⑮ グアイが悪《わる》い。

⑯ プリントをくばる。

⑰ 色《いろ》でク別《べつ》する。

⑱ クラい道《みち》を歩《ある》く。

⑲ 小林《こばやし》クンと話《はな》す。

⑳ 新《あたら》しいケしゴム。

㉑ 連《れん》ケイプレー。

㉒ ケツ液《えき》を検査《けんさ》する。

㉓ ケンオウにある町《まち》。

㉔ 生態《せいたい》をケンキュウする。

㉕ 過《か》コのできごと。

㉖ 冷蔵《れいぞう》コにしまう。

㉗ 水道《すいどう》のコウジ。

㉘ 当番《とうばん》をコウタイする。

㉙ コウテイを走《はし》る。

㉚ コウフクな暮《く》らし。

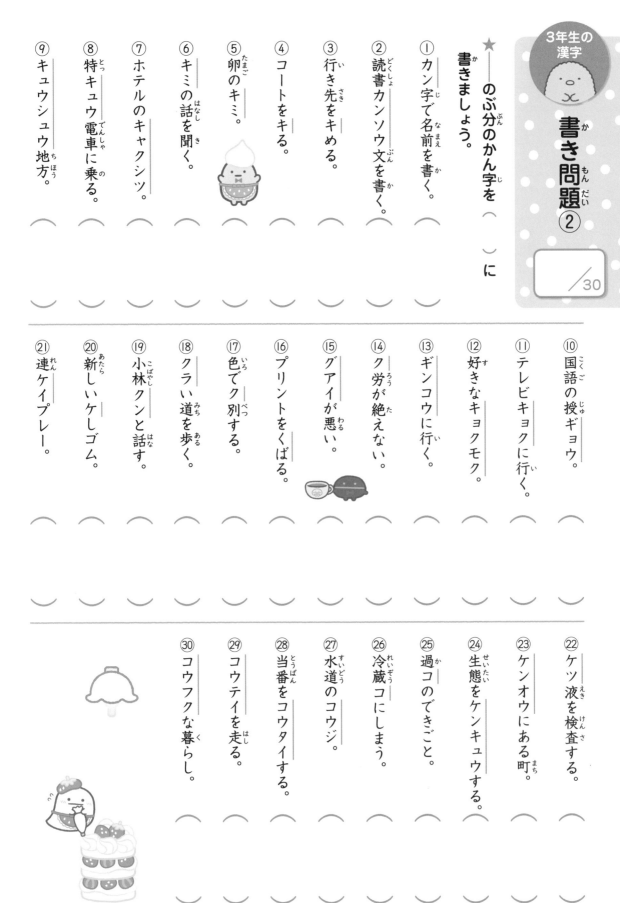

書《か》き問題《もんだい》③

／30

★——のぶ分《ぶん》のかん字《じ》を（　）に書《か》きましょう。

①かきゴオリを食《た》べる。（　）
②コクバンに書《か》く。（　）
③ゴチョウメにある公園《こうえん》。（　）
④台風《たいふう》が過《す》ぎサる。（　）
⑤図《ず》をサし示《しめ》す。（　）
⑥サカミチを下《くだ》る。（　）
⑦おサケ売《う》り場《ば》。（　）
⑧目標《もくひょう》がサダまる。（　）
⑨仏《ほとけ》サマへのお花《はな》。（　）

⑩サムい日《ひ》が続《つづ》く。（　）
⑪サラを洗《あら》う。（　）
⑫虫《むし》がシんでいる。（　）
⑬シアワせをつかむ。（　）
⑭かけ算《ざん》のシキ。（　）
⑮日直《にっちょく》のシゴト。（　）
⑯シシュウを読《よ》む。（　）
⑰調理《ちょうり》ジッシュウ。（　）
⑱新《あたら》しいジテンシャ。（　）
⑲シハツのバス。（　）
⑳南《みなみ》のシマ。（　）
㉑友達《ともだち》のシャシン。（　）

㉒資格《しかく》をシュ得《とく》する。（　）
㉓メールをジュ信《しん》する。（　）
㉔ジユウな時間《じかん》。（　）
㉕学年《がくねん》シュウカイを開《ひら》く。（　）
㉖自宅《じたく》のジュウショ。（　）
㉗シュクダイが多《おお》い。（　）
㉘ドラマのシュヤク。（　）
㉙けが人《にん》を救《きゅう》ジョする。（　）
㉚絵筆《えふで》をショウする。（　）

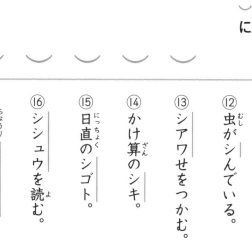

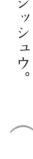

3年生の漢字

書《か》き問題《もんだい》④

／30

★――のぶ分《ぶん》のかん字《じ》を（　）に書《か》きましょう。

① ショウワの歴史《れきし》。（　）
② 辞典《じてん》でシラベる。（　）
③ 人類《じんるい》のシンカ。（　）

④ シンガッキの準備《じゅんび》。（　）
⑤ ジンジャに参拝《さんぱい》する。（　）
⑥ シンショウヒンを買《か》う。（　）
⑦ 家《いえ》を留《る》スにする。（　）
⑧ スイエイ教室《きょうしつ》に通《かよ》う。（　）
⑨ スミビで焼《や》いた肉《にく》。（　）

⑩ セカイ地図《ちず》。（　）
⑪ セケン話《ばなし》。（　）
⑫ クラスゼンイン。（　）
⑬ 体《からだ》をソらす。（　）

⑭ 手紙《てがみ》を郵《ゆう》ソウする。（　）
⑮ 先生《せんせい》にソウダンする。（　）
⑯ 新幹線《しんかんせん》のソクド。（　）
⑰ 花《はな》をソダてる。（　）
⑱ ゲームでタイ戦《せん》する。（　）
⑲ タイらな地形《ちけい》。（　）
⑳ タイジュウを量《はか》る。（　）
㉑ タイヨウがのぼる。（　）

㉒ タコクの人《ひと》。（　）
㉓ タスけを呼《よ》ぶ。（　）
㉔ 料理《りょうり》をチュウモンする。（　）
㉕ 時間《じかん》をチョウセイする。（　）
㉖ ツギのバスの時刻《じこく》。（　）
㉗ ツゴウが良《よ》い。（　）
㉘ 今年《ことし》のテチョウ。（　）
㉙ テツブンが多《おお》い野菜《やさい》。（　）
㉚ デンキュウをかえる。（　）

書《か》き問題《もんだい》⑤

/30

★——のぶ分《ぶん》のかん字《じ》を（　）に書《か》きましょう。

① デンパが届《とど》かない。（　）
② 原因《げんいん》をトいただす。（　）
③ 均《きん》トウに分《わ》ける。（　）
④ ドウキュウセイの友達《ともだち》。（　）
⑤ トウゲコウする時間《じかん》。（　）
⑥ ドウブツエンに行《い》く。（　）
⑦ ドウロを歩《ある》く。（　）
⑧ ドウワを読《よ》む。（　）
⑨ トンヤと取《と》り引《ひ》きする。（　）

⑩ ボールをナげる。（　）
⑪ ナガれるプール。（　）
⑫ ピーマンがニガい。（　）
⑬ 大《おお》きなニモツ。（　）
⑭ 電車《でんしゃ》にノる。（　）
⑮ ジュースをノむ。（　）
⑯ 広《ひろ》いノウエン。（　）
⑰ 木《き》にノボる。（　）
⑱ バイの大《おお》きさになる。（　）
⑲ 夢《ゆめ》をハグクむ。（　）
⑳ おバケの話《はなし》。（　）
㉑ トラックでハコぶ。（　）

㉒ ハシをかける。（　）
㉓ 試合《しあい》をハジめる。（　）
㉔ 太《ふと》いハシラ。（　）
㉕ ネギを作《つく》るハタケ。（　）
㉖ 手《て》をハナす。（　）
㉗ ハナミズが出《で》る。（　）
㉘ 光《ひかり》がハン射《しゃ》する。（　）
㉙ 自宅《じたく》の電話《でんわ》バンゴウ。（　）
㉚ ヒツジが群《む》れる。（　）

3年生の漢字

書《か》き問題《もんだい》⑥

／30

★――のぶ分《ぶん》のかん字《じ》を（　）に書《か》きましょう。

① 数《かず》がヒトしい。（　）
② ヒメイが聞《き》こえる。（　）
③ 時計《とけい》のビョウ針《しん》。（　）
④ ビョウインに行《い》く。（　）
⑤ 包《つつ》みをヒラく。（　）
⑥ ごみをヒロう。（　）
⑦ テニスブに入る。（　）
⑧ フエをふく。（　）
⑨ フカいプール。（　）

⑩ お気《き》に入《い》りのフク。（　）
⑪ 新《あたら》しいフデバコ。（　）
⑫ ブンショウを書《か》く。（　）
⑬ ヘイワを願《ねが》う。（　）
⑭ 国語《こくご》のベンキョウ。（　）
⑮ ヘンジがない。（　）
⑯ ホウコウを示《しめ》す。（　）
⑰ 校内《こうない》ホウソウを聞《き》く。（　）
⑱ バスをマつ。（　）
⑲ 試合《しあい》でマける。（　）
⑳ おマツりに行《い》く。（　）
㉑ マッタく同《おな》じ本《ほん》。（　）

㉒ マメまきをする。（　）
㉓ ルールをマモる。（　）
㉔ 友達《ともだち》をミオクる。（　）
㉕ ミカタのチーム。（　）
㉖ ミジカいくつ下《した》。（　）
㉗ 大《おお》きなミズウミ。（　）
㉘ ミドリイロのマフラー。（　）
㉙ 船《ふね》がミナトに入《はい》る。（　）
㉚ 奈良《なら》のミヤコ。（　）

書《か》き問題《もんだい》⑦

/30

★――のぶ分《ぶん》のかん字《じ》を（　）に書《か》きましょう。

① ミノリの秋《あき》。（　）
② おミヤ参《まい》りに行《い》く。（　）
③ ムかいの家《いえ》。（　）
④ ムカシバナシを読《よ》む。（　）
⑤ ムシバが痛《いた》む。（　）
⑥ メグスリを差《さ》す。（　）
⑦ 四角形《しかくけい》のメン積《せき》。（　）
⑧ バッグをモつ。（　）
⑨ モウし訳《わけ》ない。（　）
⑩ アリは働《はたら》きモノ。（　）
⑪ 難《むずか》しいモンダイ。（　）
⑫ 野菜《やさい》がヤスい。（　）
⑬ ヤネを修理《しゅうり》する。（　）
⑭ ユ性《せい》のペン。（　）
⑮ おユにつかる。（　）
⑯ ユウメイな画家《がか》。（　）
⑰ 判断《はんだん》をユダねる。（　）
⑱ ユビサキでつまむ。（　）
⑲ 地名《ちめい》のユライ。（　）
⑳ 山《やま》が紅《こう》ヨウする。（　）
㉑ ヨウショクのメニュー。（　）

㉒ ベッドでヨコになる。（　）
㉓ 来月《らいげつ》のヨテイ。（　）
㉔ 試験《しけん》にラクダイした。（　）
㉕ リョウテを挙《あ》げる。（　）
㉖ リョカンにとまる。（　）
㉗ おレイを言《い》う。（　）
㉘ 日本《にほん》レットウ。（　）
㉙ ピアノのレンシュウ。（　）
㉚ 天気《てんき》がワルい。（　）

もっとくわしく！

漢字《かんじ》パズル

／15

★——の部分《ぶぶん》の漢字《かんじ》を（　）に書《か》きましょう。書《か》いた漢字《かんじ》をぬりえパズルから探《さが》して、水色《みずいろ》でぬりましょう。出《で》てきたキャラクターはだれですか。□に書《か》きましょう。

① シールをアツめる。（　）
② アク事《じ》をあばく。（　）
③ 記号《きごう》でアラワす。（　）
④ 荷物《にもつ》を背《せ》オう。（　）
⑤ 体《からだ》をオこす。（　）
⑥ バッグがオモたい。（　）
⑦ 健康《けんこう》にカカる問題《もんだい》。（　）
⑧ 息《いき》がクルしい。（　）
⑨ 日本《にほん》シュの蔵元《くらもと》。（　）
⑩ 友達《ともだち》にツぐ成績《せいせき》。（　）
⑪ スピードがハヤい。（　）
⑫ 旅先《たびさき》のヤド。（　）
⑬ ヤマイを治《なお》す。（　）
⑭ 平和《へいわ》なヨの中《なか》。（　）
⑮ チ《ち》ヨ紙《がみ》の模様《もよう》。（　）

出《で》てきたキャラクター

□

ぬりえパズル

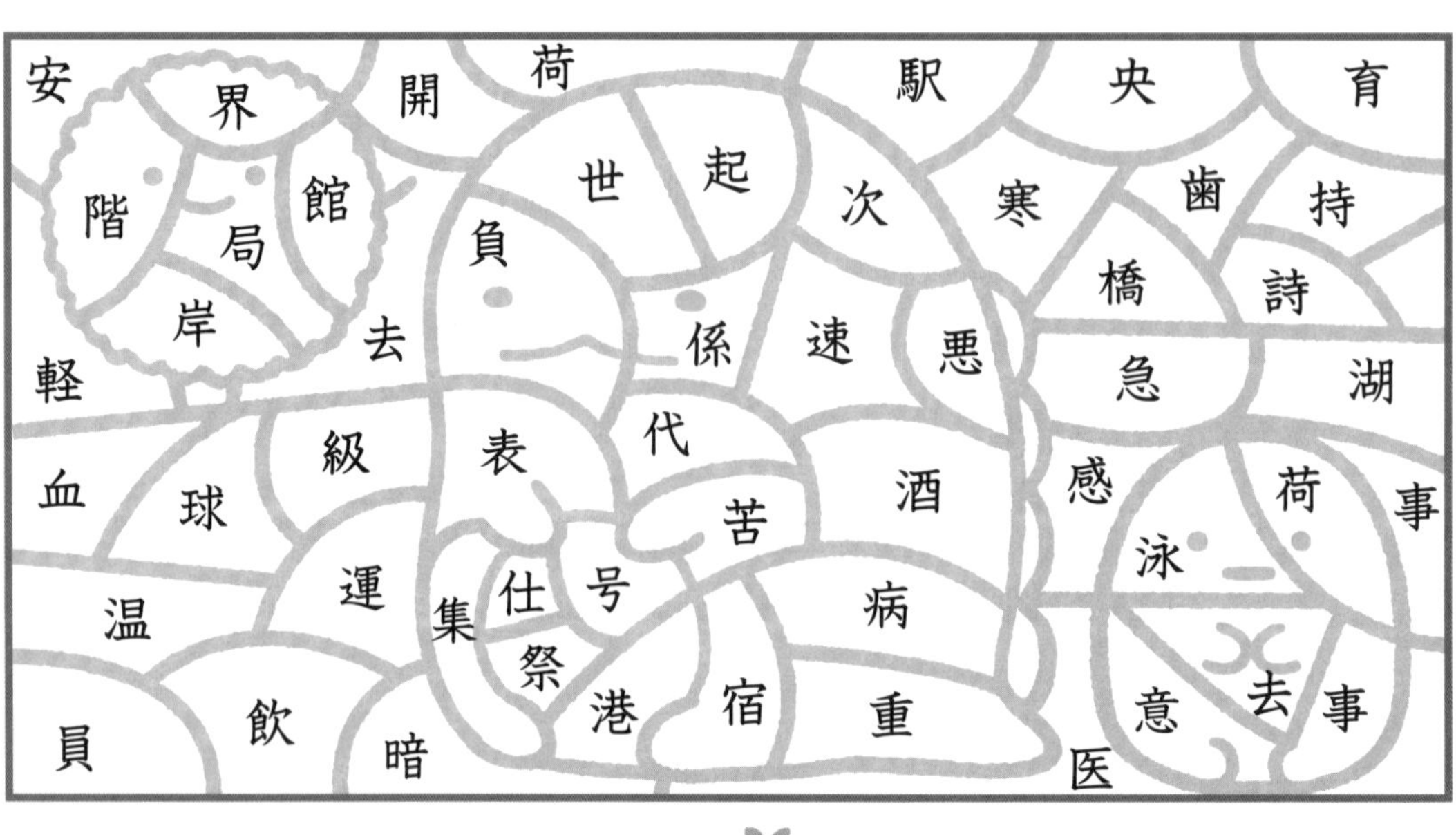

4《よ》年《ねん》生《せい》で習《なら》う漢《かん》字《じ》

202字《じ》

4画《かく》 不井夫欠氏 5画《かく》 以付令加功包司失辺必末未札民 6画《かく》 争仲伝兆

共印各好成灯老衣 7画《かく》 位佐低児兵冷初別利努労完岐希折沖芸

阪改束材求良臣 8画《かく》 例典刷協卒参周固奈季官岡底府径泣治法

英芽念果松牧的阜 9画《かく》 信便勇城変建単浅茨昨栄栃祝省約要軍

飛香 10画《かく》 候借倉孫害差席帯徒浴連郡挙料案梅残特笑訓 11画《かく》 健側

副唱埼崎康巣清菜陸敗望梨械産票貨鹿 12画《かく》 博媛富滋満達隊散

景最極焼然無給結街覚賀量飯順 13画《かく》 働塩愛戦照置節続群試辞

14画《かく》 察徳漁旗熊種管説関静

15画《かく》 億器潟選標熱縄課輪養

16画《かく》 機積録 18画《かく》 観類験 19画《かく》 鏡願 20画《かく》 競議

読《よ》み問《もん》題《だい》①

／30

★＿の漢字《かんじ》の読《よ》みがなを（　）に書《か》きましょう。

① 音信《おんしん》不通になる。（　）
② 優勝《ゆうしょう》を争う。（　）
③ 福井県《けん》の名物《めいぶつ》。（　）
④ 四《よ》年生《ねんせい》以上の学年《がくねん》。（　）
⑤ 日付を書《か》く。（　）
⑥ 仲良しなグループ。（　）
⑦ 伝言ゲーム。（　）
⑧ 気持《きも》ちを伝える。（　）
⑨ 十《じゅう》の位を計算《けいさん》する。（　）

⑩ 佐賀県《けん》の海《うみ》。（　）
⑪ 低学年《がくねん》の教科書《きょうかしょ》。（　）
⑫ 声《こえ》を低める。（　）
⑬ 例えを出《だ》して話《はな》す。（　）
⑭ 先生《せんせい》の言葉《ことば》を信じる。（　）
⑮ 宅配《たくはい》便が届《とど》く。（　）
⑯ 天候が悪《わる》い。（　）
⑰ 借家を探《さが》す。（　）
⑱ 保《ほ》健室《しつ》で休《やす》む。（　）
⑲ 右側通行《つうこう》。（　）
⑳ 関所があった場所《ばしょ》。（　）
㉑ 億万長者《ちょうじゃ》になる。（　）

㉒ 日直《にっちょく》が号令をかける。（　）
㉓ 米《こめ》を倉にしまう。（　）
㉔ 百兆円《えん》の国家予算《こっかよさん》。（　）
㉕ 鹿児島県《けん》にある火山《かざん》。（　）
㉖ 共働きの家庭《かてい》。（　）
㉗ 兵庫県《けん》の港《みなと》。（　）
㉘ 学校《がっこう》の式典。（　）
㉙ 傷口《きずぐち》を冷やす。（　）
㉚ 高層《こうそう》ビルが建つ。（　）

読《よ》み問《もん》題《だい》②

／30

★ ——の漢字《かんじ》の読《よ》みがなを（　）に書《か》きましょう。

① 初めて行《い》く場《ば》所《しょ》。
② 妹《いもうと》と公園《こうえん》で別れる。
③ クーポンを利用する。
④ 制度《せいど》を刷新する。
⑤ 副読本《ほん》を読《よ》む。
⑥ グループに加わる。
⑦ 大《おお》きな功績《せき》を上《あ》げる。
⑧ 勉学《べんがく》に努める。
⑨ 宿題《しゅくだい》に苦労する。

⑩ 勇ましい姿《すがた》。
⑪ きれいな包装紙《そうし》。
⑫ 協調性《せい》がない。
⑬ 保育園《ほいくえん》の卒園式《しき》。
⑭ 博学な人《ひと》。
⑮ 実印をおす。
⑯ 目印をつける。
⑰ イベントに参加する。
⑱ 図書館《としょかん》の司書。
⑲ 各自で用意《ようい》する。
⑳ 校庭《こうてい》を一周する。
㉑ 手先《てさき》が器用。

㉒ お経《きょう》を唱える。
㉓ 雪《ゆき》をふみ固める。
㉔ 城内を見学《けんがく》する。
㉕ 宮城県《けん》の海岸《かいがん》。
㉖ 埼玉県《けん》を流《なが》れる川《かわ》。
㉗ 塩分をひかえる。
㉘ 葉《は》の色《いろ》が変わる。
㉙ 社長《しゃちょう》夫人。
㉚ チャンスを失う。

読《よ》み問《もん》題《だい》③

/30

★——の漢字《かんじ》の読《よ》みがなを（　）に書《か》きましょう。

①神奈川県《けん》に住《す》む。（　）
②大好物のケーキ。（　）
③好きなキャラクター。（　）
④愛媛県《けん》のミカン。（　）
⑤長《なが》さの単位。（　）
⑥子孫が栄《さか》える。（　）
⑦完全に終《お》わらせる。（　）
⑧外交官になる。（　）
⑨災《さい》害に備《そな》える。（　）

⑩富山県《けん》にあるダム。（　）
⑪気《き》持《も》ちを推《すい》察する。（　）
⑫岡山県《けん》のきびだんご。（　）
⑬岐阜県《けん》の名《めい》所《しょ》。（　）
⑭宮崎県《けん》のマンゴー。（　）
⑮身《しん》長《ちょう》に差がある。（　）
⑯希少な生《い》き物《もの》。（　）
⑰自《じ》分《ぶん》の席に着《つ》く。（　）
⑱丸《まる》みを帯びる。（　）
⑲海底を調《ちょう》査《さ》する船《ふね》。（　）
⑳京都府にある神《じん》社《じゃ》。（　）
㉑健康に気《き》をつける。（　）

㉒建設《せっ》中《ちゅう》のマンション。（　）
㉓スープが冷める。（　）
㉔円《えん》の直径を測《はか》る。（　）
㉕駅《えき》まで徒歩五分《ごふん》。（　）
㉖徳用パックのおかし。（　）
㉗富をたくわえる。（　）
㉘小鳥《ことり》の巣箱を作《つく》る。（　）
㉙画用紙《がようし》を二《ふた》つに折る。（　）
㉚海《うみ》がきれいな沖縄県《けん》。（　）

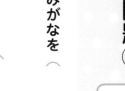

読《よ》み問題《もんだい》④

/30

★――の漢字《かんじ》の読《よ》みがなを（　）に書《か》きましょう。

①泣き言《ごと》を言《い》う。

②国《くに》を治める。

③全治一《いっ》か月《げつ》のけが。

④英語の文法《ぶんぽう》を学《まな》ぶ。

⑤浅い川《かわ》で遊《あそ》ぶ。

⑥浴室をそうじする。

⑦清流にすむ魚《さかな》。

⑧花《はな》が散る。

⑨滋賀県《けん》の大《おお》きな湖《みずうみ》。

⑩潮《しお》が満ちる。

⑪漁師《し》の仕事《しごと》。

⑫雪《ゆき》が多《おお》い新潟県《けん》。

⑬芸能人《のうじん》に会《あ》う。

⑭雑誌《ざっし》の付録。

⑮水《みず》につけて発芽させる。

⑯茨城県《けん》にある山《やま》。

⑰水菜のサラダ。

⑱海辺で遊《あそ》ぶ。

⑲ドラマの続編《へん》。

⑳山脈《さんみゃく》が連なる。

㉑山頂《さんちょう》に達する。

㉒班長《はんちょう》に選ばれる。

㉓郡の大会《たいかい》に出場《しゅつじょう》する。

㉔大阪名物《めいぶつ》のたこ焼《や》き。

㉕陸で暮《く》らす生《い》き物《もの》。

㉖レスキュー隊に入《はい》る。

㉗必ず歯《は》をみがく。

㉘愛用しているペン。

㉙成績《せき》が上《あ》がる。

㉚敵《てき》と戦う。

読《よ》み問題《もんだい》⑤

/30

★――の漢字《かんじ》の読《よ》みがなを（　）に書《か》きましょう。

①委員長《いいんちょう》を決《き》める選挙。（　　）
②やり方《かた》を改める。（　　）
③勝敗を決《き》める。（　　）
④ストレスを発散する。（　　）
⑤身《み》を清める。（　　）
⑥旗をふる。（　　）
⑦夜景がきれい。（　　）
⑧昨年の思《おも》い出《で》。（　　）
⑨最終のバスに乗《の》る。（　　）

⑩要望に応《こた》える。（　　）
⑪年末のテスト。（　　）
⑫明《あか》るい未来。（　　）
⑬小説を読《よ》む。（　　）
⑭役割《やくわり》を果たす。（　　）
⑮町《まち》が栄える。（　　）
⑯名案がうかぶ。（　　）
⑰あまい梨を食《た》べる。（　　）
⑱分厚《ぶあつ》い札束。（　　）
⑲工作《こうさく》で使《つか》う材料。（　　）
⑳松竹梅の図《ず》がら。（　　）
㉑栃木県《けん》のイチゴ。（　　）

㉒梅干《ぼ》しを食《た》べる。（　　）
㉓大《おお》きな機械を動《うご》かす。（　　）
㉔南極のペンギン。（　　）
㉕山《やま》の標高。（　　）
㉖お皿《さら》が欠ける。（　　）
㉗おこづかいの残金。（　　）
㉘住所《じゅうしょ》と氏名を書《か》く。（　　）
㉙水鳥《みずとり》の群れ。（　　）
㉚改善《かいぜん》を要求する。（　　）

読《よ》み問題《もんだい》⑥

／30

★ ——の漢字《かんじ》の読《よ》みがなを（　）に書《か》きましょう。

① 灯台の明《あ》かり。

② きれいな夕焼け。

③ 天然の温泉《おんせん》。

④ 無事に帰宅《きたく》する。

⑤ 日照時間《じかん》が短《みじか》い。

⑥ 熊本県《けん》のスイカ。

⑦ ビーカーを加熱する。

⑧ 遊牧民の住居《じゅうきょ》。

⑨ 地域《ちいき》の特色。

⑩ 入学《にゅうがく》のお祝い。

⑪ 年老いた犬《いぬ》。

⑫ カメが卵《たまご》を産む。

⑬ 的外れな意見《いけん》。

⑭ 悪《わる》い行《おこな》いを反省する。

⑮ アニメの人気《にんき》投票。

⑯ 本《ほん》の種類が多《おお》い。

⑰ 三角形《さんかくけい》の面積。

⑱ 百《ひゃく》メートル競走。

⑲ パソコンを設《せっ》置する。

⑳ テレビを見《み》て笑う。

㉑ 寒《さむ》い季節。

㉒ ガラス製《せい》の管。

㉓ 学校《がっこう》まで約十分《じっぷん》。

㉔ 水分《すいぶん》を補《ほ》給する。

㉕ リボンを結ぶ。

㉖ 車両《しゃりょう》を連結させる。

㉗ 読書《どくしょ》を続ける。

㉘ 縄とびで遊《あそ》ぶ。

㉙ 新商品《しんしょうひん》に人《ひと》が群がる。

㉚ テニスの試合。

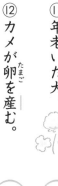

4年生の漢字

読《よ》み問《もん》題《だい》⑦

／30

★――の漢字《かんじ》の読《よ》みがなを（　）に書《か》きましょう。

① 街角のお店《みせ》。（　）

② 冬物《ふゆもの》の衣服。（　）

③ うそが発覚する。（　）

④ 京都《きょうと》を観光する。（　）

⑤ 漢字《かんじ》を訓読みする。（　）

⑥ 商品《しょうひん》を改良する。（　）

⑦ 救助《きゅうじょ》を試みる。（　）

⑧ 教《おし》えを説く。（　）

⑨ 放課後の予定《よてい》。（　）

⑩ みんなで議論《ろん》する。（　）

⑪ 雑《ざっ》貨屋《や》さんの店先《みせさき》。（　）

⑫ 新年《しんねん》の祝賀会。（　）

⑬ イギリスの海軍。（　）

⑭ 一輪車に乗《の》る。（　）

⑮ 国語《こくご》辞典で調《しら》べる。（　）

⑯ 水《みず》の量が多《おお》い。（　）

⑰ 大臣に任命《にんめい》する。（　）

⑱ 不作法なふるまい。（　）

⑲ 望遠鏡をのぞく。（　）

⑳ 命《いのち》に関わる病気《びょうき》。（　）

㉑ はじめての経《けい》験。（　）

㉒ ベッドで安静にする。（　）

㉓ にぎり飯を作《つく》る。（　）

㉔ 順番を守《まも》る。（　）

㉕ 類いまれな才能《さいのう》。（　）

㉖ 念願の夢《ゆめ》がかなう。（　）

㉗ 鳥《とり》が飛んでいく。（　）

㉘ 家族《かぞく》を養う。（　）

㉙ バラの花《はな》が香る。（　）

㉚ かわいい小鹿。（　）

書《か》き問題《もんだい》①

／30

★——の部分《ぶぶん》の漢字《かんじ》を（　）に書《か》きましょう。

①手《て》をアげる。（　　）
②アイチ県《けん》の工場《こうじょう》。（　　）
③アサいプールで泳《およ》ぐ。（　　）
④アタりを見回《みまわ》す。（　　）
⑤アツいお湯《ゆ》を注《そそ》ぐ。（　　）
⑥水《みず》をアびる。（　　）
⑦駅《えき》までアンナイする。（　　）
⑧小学生《しょうがくせい》イカの子供《こども》。（　　）
⑨イチオクニンの人口《じんこう》。（　　）

⑩古《ふる》いイド。（　　）
⑪イバラキ県《けん》の大仏《だいぶつ》。（　　）
⑫誕生日《たんじょうび》をイワう。（　　）
⑬本《ほん》をインサツする。（　　）
⑭ウメの花《はな》がさく。（　　）
⑮エイゴを習《なら》う。（　　）
⑯エイヨウのバランス。（　　）
⑰エヒメ県《けん》の温泉《おんせん》。（　　）
⑱荷物《にもつ》をオく。（　　）
⑲木《き》がオれる。（　　）
⑳オオサカフの地図《ちず》。（　　）
㉑オキナワ県《けん》に行《い》く。（　　）

㉒オットと妻《つま》。（　　）
㉓着物《きもの》のオビ。（　　）
㉔漢字《かんじ》をオボえる。（　　）
㉕えん筆《ぴつ》をカりる。（　　）
㉖考《かんが》え方《かた》をカえる。（　　）
㉗カイギシツに集《あつ》まる。（　　）
㉘駅《えき》のカイサツグチ。（　　）
㉙カガミを見《み》る。（　　）
㉚カガワ県出身《けんしゅっしん》です。（　　）

書《か》き問題《もんだい》②

／30

★——の部《ぶ》分《ぶん》の漢字《かんじ》を（　）に書《か》きましょう。

① カクチの天気《てんき》。（　）
② 写真《しゃしん》をカコウする。（　）
③ カゴシマ県《けん》の火山《かざん》。（　）
④ 王様《おうさま》のカシン。（　）
⑤ 絵《え》の具《ぐ》がカタまる。（　）
⑥ 夏休《なつやす》みのカダイ。（　）
⑦ ガッショウコンクール。（　）
⑧ チームのカナメ。（　）
⑨ カモツ列車《れっしゃ》。（　）

⑩ 自衛《じえい》カンの仕事《しごと》。（　）
⑪ 朝顔《あさがお》をカンサツする。（　）
⑫ 作品《さくひん》がカンセイする。（　）
⑬ カントウ地方《ちほう》。（　）
⑭ お金《かね》をカンリする。（　）
⑮ キカイのスイッチ。（　）
⑯ おだやかなキコウ。（　）
⑰ 紅葉《こうよう》のキセツ。（　）
⑱ 学校《がっこう》の創立《そうりつ》キネンビ。（　）
⑲ ギフ県出身《けんしゅっしん》の武将《ぶしょう》。（　）
⑳ キボウする進路《しんろ》。（　）
㉑ キュウショク当番《とうばん》。（　）

㉒ キヨらかな気持《きも》ち。（　）
㉓ キョウツウの話題《わだい》。（　）
㉔ 弟《おとうと》とキョウリョクする。（　）
㉕ ギョセンが出港《しゅっこう》する。（　）
㉖ 犬《いぬ》のクビワ。（　）
㉗ 砂糖《さとう》をクワえる。（　）
㉘ 外国《がいこく》のグンタイ。（　）
㉙ グンブに住《す》む。（　）
㉚ グンマ県《けん》のこんにゃく。（　）

書《か》き問《もん》題《だい》③

／30

★——の部《ぶ》分《ぶん》の漢《かん》字《じ》を（　）に書《か》きましょう。

① 防《ぼう》災《さい》クンレン。（　）
② ゲイ術《じゅつ》家《か》になる。（　）
③ ケイバジョウに行《い》く。（　）
④ ケイキのいい話《はなし》。（　）
⑤ 悪《わる》いケッカになる。（　）
⑥ 学《がっ》校《こう》をケッセキする。（　）
⑦ ケンコウな体《からだ》。（　）
⑧ 問《もん》題《だい》解《かい》決《けつ》をココロみる。（　）
⑨ 日《に》本《ほん》のコッキ。（　）

⑩ 家《か》具《ぐ》をコテイする。（　）
⑪ 読《どく》書《しょ》をコノむ。（　）
⑫ 社《しゃ》長《ちょう》を補《ほ》サする。（　）
⑬ 光《ひかり》がサしこむ。（　）
⑭ 目《め》をサます。（　）

⑮ やわらかいザイ質《しつ》。（　）
⑯ 本《ほん》のサイショのページ。（　）
⑰ サイタマ県《けん》を走《はし》る電《でん》車《しゃ》。（　）
⑱ サガ県《けん》の歴《れき》史《し》。（　）
⑲ サクヤのできごと。（　）
⑳ サンコウショを買《か》う。（　）
㉑ お米《こめ》のサンチ。（　）

㉒ 政《せい》ジ家《か》の発《はつ》言《げん》。（　）
㉓ シオをかけて食《た》べる。（　）
㉔ シガ県《けん》の名《めい》物《ぶつ》。（　）
㉕ シカの親《おや》子《こ》。（　）
㉖ テレビ番《ばん》組《ぐみ》のシカイ。（　）
㉗ 答《こた》えにジシンがある。（　）
㉘ シズかな教《きょう》室《しつ》。（　）
㉙ シズオカ県《けん》のお茶《ちゃ》。（　）
㉚ シゼンが多《おお》い町《まち》。（　）

4年生の漢字

書《か》き問題《もんだい》④

／30

★――の部分《ぶぶん》の漢字《かんじ》を（　）に書《か》きましょう。

① シッパイした作品《さくひん》。
② 漢字《かんじ》ジテンで調《しら》べる。
③ 小学校《しょうがっこう》のジドウ。
④ 平行《へいこう》シヘンケイ。
⑤ シメイを記入《きにゅう》する。
⑥ 町《まち》のジュウミン。
⑦ 植物《しょくぶつ》のシュルイ。
⑧ ジュンイが上《あ》がる。
⑨ ショウエネの家電《かでん》。
⑩ 水泳《すいえい》がジョウタツする。
⑪ ショウテンガイを歩《ある》く。
⑫ ショウトウする時間《じかん》。
⑬ ショッキを洗《あら》う。
⑭ シロを見学《けんがく》する。
⑮ シロクマの親子《おやこ》。
⑯ 学級新聞《がっきゅうしんぶん》をスる。
⑰ 三人兄弟《さんにんきょうだい》のスエっ子《こ》。
⑱ 鳥《とり》のひながスダつ。
⑲ 発表会《はっぴょうかい》がセイコウする。
⑳ 中学校《ちゅうがっこう》のセイト。
㉑ 足《あし》を骨《こっ》セツした。
㉒ セッキョクテキな人《ひと》。
㉓ セツメイを聞《き》く。
㉔ サッカーのセンシュ。
㉕ センソウはしない。
㉖ 大雨《おおあめ》のゼンチョウ。
㉗ 商品《しょうひん》をしまうソウコ。
㉘ 箱《はこ》のソクメン。
㉙ プールのソコ。
㉚ 学校《がっこう》をソツギョウする。

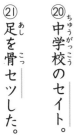

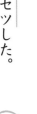

書《か》き問題《もんだい》⑤

/30

★——の部分《ぶぶん》の漢字《かんじ》を（　）に書《か》きましょう。

① 家《いえ》をタてる。（　）
② アリのタイグン。（　）
③ タイケン学習《がくしゅう》。（　）
④ タンポポのタネ。（　）
⑤ タヨリが届《とど》く。（　）
⑥ タンゴカード。（　）
⑦ チらかった部屋《へや》。（　）
⑧ 工業《こうぎょう》チタイが広《ひろ》がる。（　）
⑨ 雪《ゆき》が降《ふ》りツもる。（　）

⑩ 用件《ようけん》をツタえる。（　）
⑪ プレゼントをツツむ。（　）
⑫ 雨《あめ》の日《ひ》がツヅく。（　）
⑬ ツみ木《き》で遊《あそ》ぶ。（　）
⑭ ツメたいジュース。（　）
⑮ 子供《こども》をツれて歩《ある》く。（　）
⑯ ライトでテらす。（　）
⑰ デンピョウのあて名《な》。（　）
⑱ 才能《さいのう》にトむ。（　）
⑲ プールにトびこむ。（　）
⑳ ドウトクの教科書《きょうかしょ》。（　）
㉑ トクシマ県《けん》のスダチ。（　）

㉒ トクベツな日《ひ》。（　）
㉓ トチギ県《けん》を旅行《りょこう》する。（　）
㉔ ドリョクが実《みの》る。（　）
㉕ ナいている子供《こども》。（　）
㉖ 計算《けいさん》がナり立《た》つ。（　）
㉗ えん筆《ぴつ》がナい。（　）
㉘ 病気《びょうき》をナオす。（　）
㉙ ナガサキ県《けん》の教会《きょうかい》。（　）
㉚ 妹《いもうと》とナカナオりする。（　）

書《か》き問題《もんだい》⑥

／30

★——の部分《ぶぶん》の漢字《かんじ》を（　）に書《か》きましょう。

①ナフダを付《つ》ける。（　）

②ナラ県《けん》のお寺《てら》。（　）

③ニイガタ県《けん》のお米《こめ》。（　）

④ネガい事《ごと》をする。（　）

⑤ネンガ状《じょう》を書《か》く。（　）

⑥朝食《ちょうしょく》をノコす。（　）

⑦ノゾみがかなう。（　）

⑧体重《たいじゅう》をハカる。（　）

⑨お医者《いしゃ》さんのハクイ。（　）

⑩ハクブツカンに行《い》く。（　）

⑪会社《かいしゃ》でハタラく。（　）

⑫ハツ日《ひ》の出《で》を見《み》る。（　）

⑬つかれハてる。（　）

⑭手間《てま》をハブく。（　）

⑮ごハンを食《た》べる。（　）

⑯円《えん》のハンケイ。（　）

⑰気温《きおん》がヒクい。（　）

⑱ヒコウキに乗《の》る。（　）

⑲ヒツヨウな物《もの》を買《か》う。（　）

⑳ヒョウゴ県《けん》の洋館《ようかん》。（　）

㉑フク会長《かいちょう》になる。（　）

㉒フクオカ県《けん》のうどん。（　）

㉓学校生活《がっこうせいかつ》のフシメ。（　）

㉔フベンな路線《ろせん》。（　）

㉕雑誌《ざっし》のフロク。（　）

㉖おもちゃのヘイタイ。（　）

㉗気温《きおん》がヘンカする。（　）

㉘計算《けいさん》のホウ則《そく》。（　）

㉙豊《ほう》フな知識《ちしき》。（　）

㉚広《ひろ》いボクジョウ。（　）

書《か》き問題《もんだい》⑦

/30

★——の部分《ぶぶん》の漢字《かんじ》を（　）に書《か》きましょう。

①お寺《てら》におマイりする。

②マゴと遊《あそ》ぶ。

③マツぼっくりを拾《ひろ》う。

④池《いけ》のマワりを歩《ある》く。

⑤おなかをミたす。

⑥十才《じっさい》ミマンの人《ひと》。

⑦年中《ねんじゅう》ムキュウのお店《みせ》。

⑧王様《おうさま》のメイレイ。

⑨草木《くさき》がメバえる。

⑩今年《ことし》のモクヒョウ。

⑪モットも古《ふる》いお寺《てら》。

⑫助《たす》けをモトめる。

⑬クッキーをヤく。

⑭ヤクソクを守《まも》る。

⑮ヤサイジュース。

⑯体力《たいりょく》をヤシナう。

⑰ヤジルシを書《か》く。

⑱ライバルにヤブれる。

⑲ヤマナシ県《けん》のブドウ。

⑳ユウガイなガス。

㉑ユウキを出《だ》す。

㉒天気《てんき》がヨい。

㉓リクジョウブに入《はい》る。

㉔リコウな犬《いぬ》。

㉕リョウリが得意《とくい》。

㉖レイセイに考《かんが》える。

㉗計算《けいさん》のレイダイ。

㉘敬《けい》ロウの日《ひ》。

㉙一日《いちにち》のロウドウ時間《じかん》。

㉚ワラい話《ばなし》をする。

もっとくわしく!

都道府県《とどうふけん》の漢字《かんじ》

/47

★左《ひだり》の地図《ちず》を見《み》て、番号《ばんごう》に当《あ》てはまる都道府県名《とどうふけんめい》を漢字《かんじ》で書《か》きましょう。

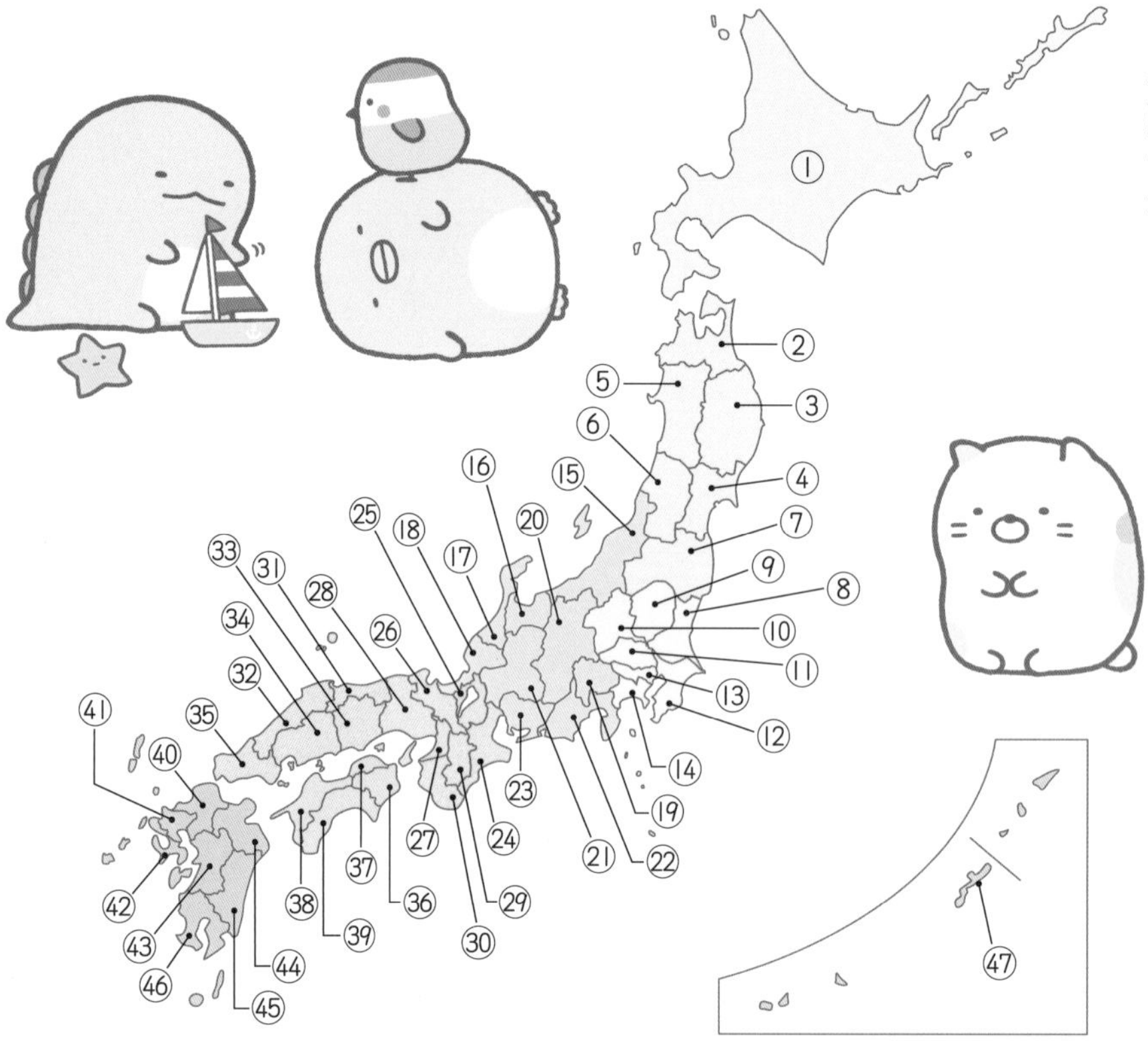

番号	
①	
②	県《けん》
③	県《けん》
④	県《けん》
⑤	県《けん》
⑥	県《けん》
⑦	県《けん》
⑧	県《けん》
⑨	県《けん》
⑩	県《けん》
⑪	県《けん》
⑫	県《けん》
⑬	都《と》
⑭	県《けん》
⑮	県《けん》
⑯	県《けん》
⑰	県《けん》
⑱	県《けん》
⑲	県《けん》
⑳	県《けん》
㉑	県《けん》
㉒	県《けん》
㉓	県《けん》
㉔	県《けん》
㉕	県《けん》
㉖	府《ふ》
㉗	府《ふ》
㉘	県《けん》
㉙	県《けん》
㉚	県《けん》
㉛	県《けん》
㉜	県《けん》
㉝	県《けん》
㉞	県《けん》
㉟	県《けん》
㊱	県《けん》
㊲	県《けん》
㊳	県《けん》
㊴	県《けん》
㊵	県《けん》
㊶	県《けん》
㊷	県《けん》
㊸	県《けん》
㊹	県《けん》
㊺	県《けん》
㊻	県《けん》
㊼	県《けん》

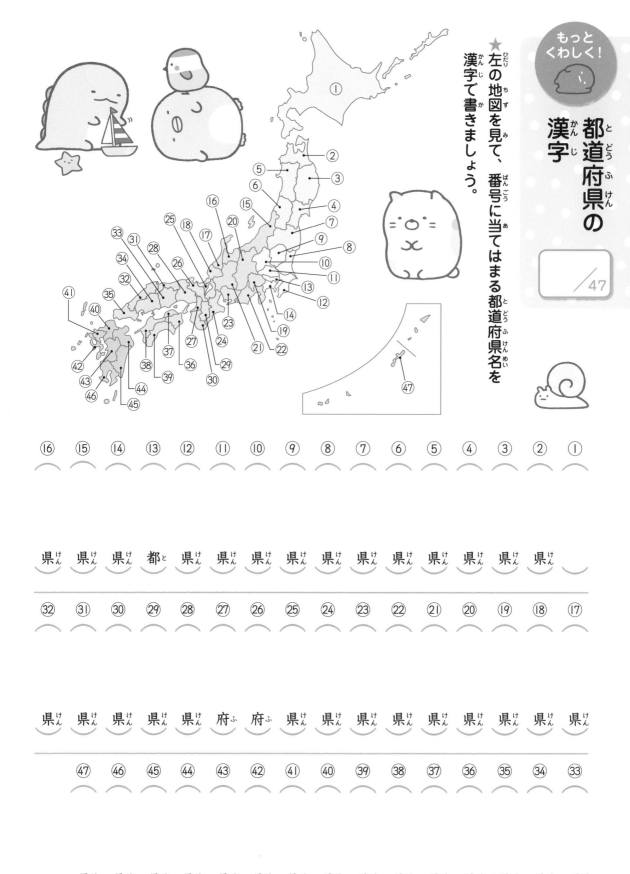

5《ご》年《ねん》生《せい》で習《なら》う漢字《かんじ》

193字《じ》

団因再任件仮 6画《かく》 示永旧犯弁布圧史句可刊 5画《かく》 比支仏 4画《かく》 士久 3画《かく》

招性往居妻効制価 8画《かく》 状災条志応防技快序均囲告判余似 7画《かく》 在

個 10画《かく》 紀祖査政故限迷逆独型厚則保 9画《かく》 非舎肥版毒武枝易述河

張常寄婦堂基務停 11画《かく》 財航耕素粉破益留脈能殺格桜造師容修

報喜備 12画《かく》 貧責設許規術経移眼略率現断救険混液接授採情得

準損幹夢墓勢 13画《かく》 貯貿費貸象評証統絶程税検過測減提営復属

銅酸製綿総精複歴構態際適演慣増境像 14画《かく》 飼鉱資豊解義罪禁

額職織 18画《かく》 謝講績 17画《かく》 興輸衛築燃 16画《かく》 賞質賛編確暴潔導 15画《かく》 領雑

護 20画《かく》 識 19画《かく》

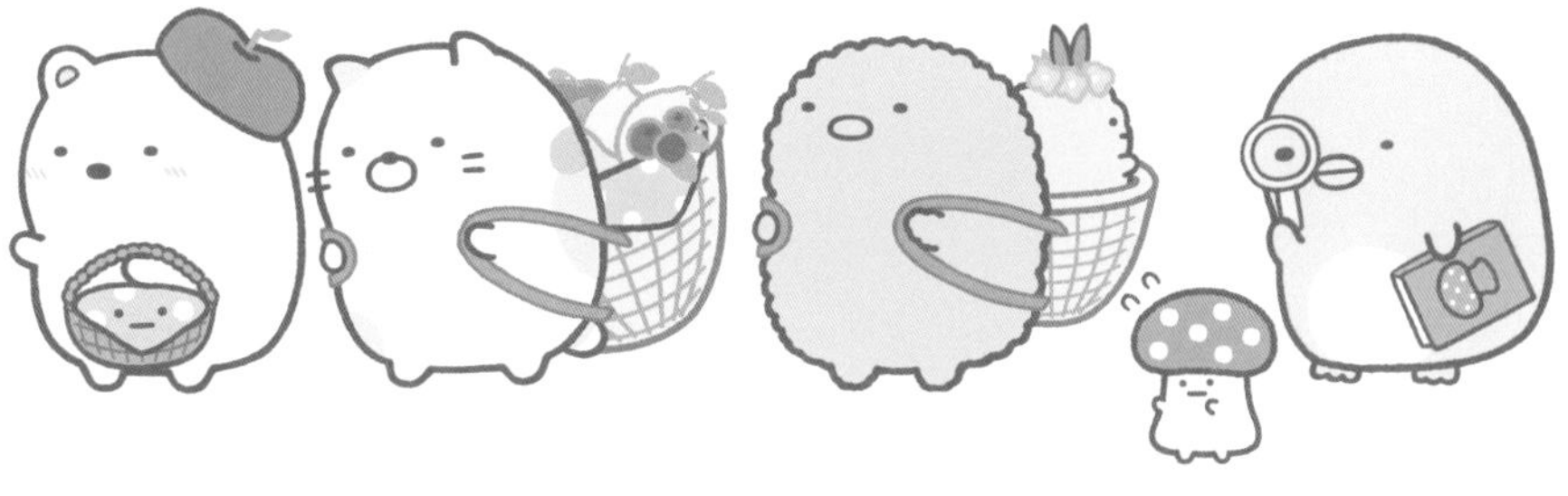

5年生の漢字

読《よ》み問題《もんだい》①

／30

★——の漢字《かんじ》の読《よ》みがなを（　）に書《か》きましょう。

① 持久走の練習《れんしゅう》。（　）
② 仏様を拝《おが》む。（　）
③ 仮説を立《た》てる。（　）
④ 担《たん》任の先生《せんせい》。（　）
⑤ 再来週の予定《よてい》。（　）
⑥ 父《ちち》の似顔絵をかく。（　）
⑦ 高価な本《ほん》を買《か》う。（　）
⑧ 通《かよ》っていた保育園。（　）
⑨ 消《け》しゴムが三《さん》個。（　）

⑩ 学業《がくぎょう》を修める。（　）
⑪ 停電が発生《はっせい》する。（　）
⑫ 台風《たいふう》に備える。（　）
⑬ どれにするか迷う。（　）
⑭ クッキーを余分に焼《や》く。（　）
⑮ 再び友達《ともだち》に出会《であ》う。（　）
⑯ 漢字辞典《かんじじてん》を刊行する。（　）
⑰ 正《ただ》しい判断をする。（　）
⑱ 制服を着《き》る。（　）
⑲ 計算《けいさん》の法則。（　）
⑳ よく効く薬《くすり》。（　）
㉑ 強《つよ》い勢力の台風《たいふう》。（　）

㉒ 厚手のセーター。（　）
㉓ 可能性が高《たか》い。（　）
㉔ 俳《はい》句を作《つく》る。（　）
㉕ 日本史の勉強《べんきょう》をする。（　）
㉖ 映画《えいが》の予告。（　）
㉗ 喜劇《げき》の役者《やくしゃ》。（　）
㉘ 成功《せいこう》の要因。（　）
㉙ お団子を食《た》べる。（　）
㉚ 池《いけ》の周囲を歩《ある》く。（　）

読《よ》み問題《もんだい》②

／30

★——の漢字《かんじ》の読《よ》みがなを（　）に書《か》きましょう。

① 風《かぜ》の圧力を受《う》ける。（　）
② 学校《がっこう》の在り方《かた》を考《かんが》える。（　）
③ 血液型を調《しら》べる。（　）
④ 基準に達《たっ》する。（　）
⑤ お寺《てら》の本堂。（　）
⑥ 警察《けいさつ》に通報する。（　）
⑦ 共同《きょうどう》墓地。（　）

⑧ ケーキを均等に分《わ》ける。（　）
⑨ 東京都《とうきょうと》と神奈川県《かながわけん》の境。（　）

⑩ 体重《たいじゅう》が増える。（　）
⑪ バスの運転士。（　）
⑫ 読書《どくしょ》に夢中になる。（　）
⑬ 愛妻家の先生《せんせい》。（　）
⑭ 新婦のドレス。（　）
⑮ 美容院に行《い》く。（　）
⑯ 大《おお》きな船《ふね》が寄港する。（　）
⑰ 先生《せんせい》が児童《じどう》を導く。（　）
⑱ 学校《がっこう》に居残る。（　）
⑲ チームに所属する。（　）
⑳ 布をぬい合《あ》わせる。（　）
㉑ 常連のお客《きゃく》さん。（　）

㉒ 太《ふと》い幹に登《のぼ》る。（　）
㉓ 暑《あつ》さはまだ序の口《くち》。（　）
㉔ 弁論《ろん》大会《たいかい》に参加《さんか》する。（　）
㉕ テントを張る。（　）
㉖ 車《くるま》の往来が激《はげ》しい。（　）
㉗ 機会《きかい》を得る。（　）
㉘ ロケットの模《も》型。（　）
㉙ お店《みせ》の営業時間《じかん》。（　）
㉚ 快く引《ひ》き受《う》ける。（　）

読《よ》み問《もん》題《だい》③

/30

★——の漢字《かんじ》の読《よ》みがなを（　）に書《か》きましょう。

① 情けをかける。（　）
② 新《あたら》しいクラスに慣れる。（　）
③ 係《かかり》の人《ひと》を招集する。（　）
④ 木《き》の実《み》を採る。（　）
⑤ 作《つく》り方《かた》を伝授する。（　）
⑥ 人《ひと》と接する。（　）

⑦ やり方《かた》を提案する。（　）
⑧ 車《くるま》が損傷《しょう》した。（　）
⑨ 氷河期の生《い》き物《もの》。（　）

⑩ 店《みせ》の中《なか》が混雑する。（　）
⑪ 人口《じんこう》が減少する。（　）
⑫ 天体《てんたい》を観測する。（　）
⑬ 発表会《はっぴょうかい》の予行《よこう》演習。（　）
⑭ 簡《かん》潔に説明《せつめい》する。（　）
⑮ 犯人をつかまえる。（　）
⑯ 独り言《ごと》を言《い》う。（　）
⑰ 答《こた》えを記述する。（　）
⑱ 先生《せんせい》に逆らう。（　）

⑲ 安易な考《かんが》え。（　）
⑳ 大《おお》きな船《ふね》を造る。（　）
㉑ 時間《じかん》が過ぎる。（　）

㉒ 高学年《こうがくねん》に適した本《ほん》。（　）
㉓ 防災グッズを用意《ようい》する。（　）
㉔ 数《かず》に限りがある。（　）
㉕ 険悪なムード。（　）
㉖ 国際空港《くうこう》。（　）
㉗ 親切《しんせつ》に対応する。（　）
㉘ 意志を伝《つた》える。（　）
㉙ 動物《どうぶつ》の生態。（　）
㉚ 川《かわ》の支流。（　）

読《よ》み問題《もんだい》④

/30

★――の漢字《かんじ》の読《よ》みがなを（　）に書《か》きましょう。

①故意にぶつかる。

②政治について学《まな》ぶ。

③救急車を呼《よ》ぶ。

④道路《どうろ》の復旧工事《こうじ》。

⑤易しい説明文《せつめいぶん》。

⑥暴言をはく。

⑦相手《あいて》の条件を聞《き》く。

⑧工場《こうじょう》を査察する。

⑨道《みち》が枝分かれする。

⑩桜の開花予想《かいかよそう》。

⑪格別おいしいアイス。

⑫車両《しゃりょう》の点検をする。

⑬建物《たてもの》の構造。

⑭武者人形《にんぎょう》をかざる。

⑮歴代の校長先生《こうちょうせんせい》。

⑯殺気を感《かん》じる。

⑰毒キノコが生《は》える。

⑱大《おお》きさを比べる。

⑲永い年月《ねんげつ》を経《へ》る。

⑳落《お》ち葉《ば》を燃やす。

㉑本《ほん》を出版する。

㉒賞状を受《う》け取《と》る。

㉓姿《すがた》を現す。

㉔先祖のお墓《はか》。

㉕畑《はたけ》の肥やし。

㉖脈が速《はや》い。

㉗児童《じどう》を率いる。

㉘ボタンを留める。

㉙試合《しあい》の戦略を練《ね》る。

㉚無益な戦《たたか》い。

5年生の漢字

読《よ》み問《もん》題《だい》⑤

/30

★——の漢字《かんじ》の読《よ》みがなを（　）に書《か》きましょう。

① 眼科に行《い》く。

② 小説《しょうせつ》を読破した。

③ 答《こた》えを確かめる。

④ 先生《せんせい》の指示に従《したが》う。

⑤ おしゃべりを禁じる。

⑥ となりの席《せき》に移る。

⑦ 消費税が上《あ》がる。

⑧ 程度の高《たか》い問題《もんだい》。

⑨ 相手《あいて》に謝罪する。

⑩ 名画《めいが》を複製する。

⑪ 建築中《ちゅう》のビル。

⑫ スギ花粉が多《おお》く飛《と》ぶ。

⑬ 精神を集中《しゅうちゅう》する。

⑭ 画家《がか》の素質がある。

⑮ 紀行文を読《よ》む。

⑯ 京都《きょうと》を経て広島《ひろしま》に行《い》く。

⑰ 人通《ひとどお》りが絶える。

⑱ 天下《てんか》を統一する。

⑲ 結果《けっか》を総合する。

⑳ 綿製のシャツを着《き》る。

㉑ 辞典《じてん》を編集する。

㉒ 研究《けんきゅう》の業績を残《のこ》す。

㉓ 新《あたら》しい組織をつくる。

㉔ 義務教育《きょういく》を受《う》ける。

㉕ 耕具を使《つか》う。

㉖ 工芸品《こうげいひん》を作《つく》る職人。

㉗ 庁《ちょう》舎を工事《こうじ》する。

㉘ 長《なが》い航海に出《で》る。

㉙ 技術をみがく。

㉚ 衛生に気《き》をつける。

読《よ》み問題《もんだい》⑥

/30

★——の漢字《かんじ》の読《よ》みがなを（　）に書《か》きましょう。

①定規で線《せん》を引《ひ》く。（　）

②説明《せつめい》をよく理解する。（　）

③雪《ゆき》が解ける。（　）

④あやまちを許す。（　）

⑤会場《かいじょう》を設ける。（　）

⑥卒業《そつぎょう》証書。（　）

⑦評判の良《よ》いお店《みせ》。（　）

⑧講習会に参加《さんか》する。（　）

⑨種類《しゅるい》を識別する。（　）

⑩看《かん》護師になりたい。（　）

⑪豊富な話題《わだい》。（　）

⑫象の親子《おやこ》。（　）

⑬友達《ともだち》に責められる。（　）

⑭貧ぼうな生活《せいかつ》。（　）

⑮バスを貸し切《き》る。（　）

⑯貿易会社《がいしゃ》で働《はたら》く。（　）

⑰資料を集《あつ》める。（　）

⑱絶賛されている映画《えいが》。（　）

⑲財産を残《のこ》す。（　）

⑳ダムの貯水量。（　）

㉑穀物《こくもつ》を輸入する。（　）

㉒酸味のある果物《くだもの》。（　）

㉓町《まち》が復興した。（　）

㉔鉱物をほり出《だ》す。（　）

㉕社長《しゃちょう》の銅像。（　）

㉖雑木林を歩《ある》く。（　）

㉗非売品のグッズ。（　）

㉘ウサギを飼育する。（　）

㉙要領よく勉強《べんきょう》する。（　）

㉚額をぶつける。（　）

書《か》き問題《もんだい》①

／30

★——の部分《ぶぶん》の漢字《かんじ》を（　）に書《か》きましょう。

① セーターをアむ。（　　）
② アツい紙《かみ》を切《き》る。（　　）
③ 馬《うま》がアバれる。（　　）
④ 給食《きゅうしょく》がアマる。（　　）

⑤ イキオい良《よ》く流《なが》れる。（　　）
⑥ 机《つくえ》をイドウさせる。（　　）
⑦ カフェをイトナむ。（　　）
⑧ インショウに残《のこ》る話《はなし》。（　　）
⑨ ウンガを利用《りよう》する。（　　）

⑩ エイキュウシが生《は》える。（　　）
⑪ 人工《じんこう》エイセイ。（　　）
⑫ エキジョウののり。（　　）
⑬ エダを切《き》る。（　　）
⑭ 大臣《だいじん》がエンゼツする。（　　）
⑮ 駅《えき》と家《いえ》をオウフクする。（　　）
⑯ 友達《ともだち》に本《ほん》をカす。（　　）
⑰ 犬《いぬ》をカう。（　　）

⑱ カイテキな部屋《へや》。（　　）
⑲ 番号《ばんごう》を丸《まる》でカコむ。（　　）
⑳ カサイが発生《はっせい》する。（　　）
㉑ クッキーのカタ。（　　）

㉒ 店《みせ》をカマえる。（　　）
㉓ カリの話《はなし》をする。（　　）
㉔ ガンカの待合室《まちあいしつ》。（　　）
㉕ 両親《りょうしん》にカンシャする。（　　）
㉖ お城《しろ》をキズく。（　　）
㉗ キソクを守《まも》る。（　　）
㉘ キホンの問題《もんだい》。（　　）
㉙ 川《かわ》がギャクリュウする。（　　）
㉚ キョウカイセンを引《ひ》く。（　　）

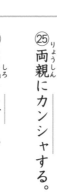

書《か》き問題《もんだい》②

／30

★——の部分《ぶぶん》の漢字《かんじ》を（　）に書《か》きましょう。

① 洋服《ようふく》にキョウミがある。（　）
② 入場《にゅうじょう》をキョカする。（　）
③ 合計《ごうけい》のキンガク。（　）
④ 立《た》ち入《い》りキンシ。（　）
⑤ キンゾクの部品《ぶひん》。（　）
⑥ 文《ぶん》の終《お》わりのクテン。（　）
⑦ 会社《かいしゃ》をケイエイする。（　）
⑧ ケツアツが高《たか》い。（　）
⑨ 飛行機《ひこうき》がケッコウする。（　）

⑩ ケワしい山道《やまみち》。（　）
⑪ ゲンインを調《しら》べる。（　）
⑫ 手荷物《てにもつ》をケンサする。（　）
⑬ ゲンザイの時刻《じこく》。（　）
⑭ 薬《くすり》のコウカ。（　）
⑮ ゴウカク通知《つうち》が届《とど》く。（　）
⑯ 工事中《こうじちゅう》のコウシャ。（　）
⑰ 原料《げんりょう》になるコウセキ。（　）
⑱ 片道《かたみち》のコウツウヒ。（　）
⑲ 英会話《えいかいわ》のコウシ。（　）
⑳ 書道家《しょどうか》をココロザす。（　）
㉑ コセイをのばす。（　）

㉒ 期待《きたい》にコタえる。（　）
㉓ さそいをコトワる。（　）
㉔ コナグスリを飲《の》む。（　）
㉕ コムギコを入《い》れる。（　）
㉖ 害虫《がいちゅう》をコロす。（　）
㉗ 動画《どうが》をサイセイする。（　）
㉘ ザイセイが苦《くる》しい。（　）
㉙ テストのサイテン。（　）
㉚ サクラの花《はな》びら。（　）

書《か》き問題《もんだい》③

/30

★——の部分《ぶぶん》の漢字《かんじ》を（　）に書《か》きましょう。

①体《からだ》をササえる。（　）
②ザツムに追《お》われる。（　）
③意見《いけん》にサンセイする。（　）
④サンソボンベ。（　）
⑤水《みず》をサンプする。（　）
⑥アルプスサンミャク。（　）
⑦教員《きょういん》のシカク。（　）
⑧交通《こうつう》ジコ。（　）

⑨ジッサイにあった話《はなし》。（　）

⑩先生《せんせい》にシツモンする。（　）
⑪水泳《すいえい》をシドウする。（　）
⑫シボウする進路《しんろ》。（　）
⑬お手本《てほん》をシメす。（　）
⑭早起《はやお》きのシュウカン。（　）
⑮新《あたら》しいジュウキョ。（　）
⑯シュウダンで下校《げこう》する。（　）
⑰車《くるま》をシュウリする。（　）
⑱図工《ずこう》のジュギョウ。（　）
⑲意見《いけん》をシュチョウする。（　）
⑳シュフの仕事《しごと》。（　）
㉑ジュンジョよく並《なら》ぶ。（　）

㉒旅行《りょこう》のジュンビ。（　）
㉓手《て》をショウドクする。（　）
㉔ビンゴのショウヒン。（　）
㉕無実《むじつ》をショウメイする。（　）
㉖ジョウヤクを結《むす》ぶ。（　）
㉗ショウリャクして話す。（　）
㉘ショクインシツに入《はい》る。（　）
㉙シンカンの本《ほん》を買《か》う。（　）
㉚シンカンセンに乗《の》る。（　）

書《か》き問題《もんだい》④

/30

★――の部分《ぶぶん》の漢字《かんじ》を（　）に書《か》きましょう。

①のんびりとスごす。（　）

②子犬《こいぬ》をスクう。（　）

③セイカクな答《こた》え。（　）

④セイギのヒーロー。（　）

⑤ゼイキンを納《おさ》める。（　）

⑥セイケツなハンカチ。（　）

⑦入場《にゅうじょう》をセイゲンする。（　）

⑧国語《こくご》のセイセキ。（　）

⑨部品《ぶひん》をセイゾウする。（　）

⑩セイドの高《たか》いカメラ。（　）

⑪セキニンを果《は》たす。（　）

⑫台風《たいふう》がセッキンする。（　）

⑬約束《やくそく》はゼッタイに守《まも》る。（　）

⑭セツビを整《ととの》える。（　）

⑮人口《じんこう》がゾウカする。（　）

⑯漢字《かんじ》のソウカクスウ。（　）

⑰ソボと出《で》かける。（　）

⑱ソントクを考《かんが》える。（　）

⑲落《お》ち着《つ》いたタイド。（　）

⑳畑《はたけ》をタガヤす。（　）

㉑温度《おんど》をタモつ。（　）

㉒タンドクで行動《こうどう》する。（　）

㉓チョキンバコ。（　）

㉔別《わか》れをツげる。（　）

㉕電車《でんしゃ》がツウカする。（　）

㉖学級委員《がっきゅういいん》をツトめる。（　）

㉗ツネに暖《あたた》かい部屋《へや》。（　）

㉘ツマや子供《こども》と暮《く》らす。（　）

㉙ツミをつぐなう。（　）

㉚バスがテイシャする。（　）

5年生の漢字

書《か》き問《もん》題《だい》⑤

／30

★——の部《ぶ》分《ぶん》の漢《かん》字《じ》を（　）に書《か》きましょう。

①宿題《しゅくだい》をテイシュツする。（　）

②テオリの布《ぬの》。（　）

③デントウ工芸品《こうげいひん》。（　）

④計算問題《けいさんもんだい》をトく。（　）

⑤国会議事《こっかいぎじ》ドウ。（　）

⑥ドウメダルをもらう。（　）

⑦算数《さんすう》がトクイ。（　）

⑧トクギは料理《りょうり》です。（　）

⑨本《ほん》のナイヨウを聞《き》く。（　）

⑩色《いろ》がニている。（　）

⑪遠足《えんそく》のニッテイ。（　）

⑫船《ふね》のネンリョウ。（　）

⑬感想《かんそう》をノべる。（　）

⑭ノウリョクをのばす。（　）

⑮おハカ参《まい》りをする。（　）

⑯身長《しんちょう》をハカる。（　）

⑰B《ビー》5バンのノート。（　）

⑱ハンガをほる。（　）

⑲ヒサしぶりに会《あ》う。（　）

⑳ビジュツカンに行《い》く。（　）

㉑ヒジョウ階段《かいだん》。（　）

㉒ヒマンに注意《ちゅうい》する。（　）

㉓ヒョウカが高《たか》い。（　）

㉔道路《どうろ》のヒョウシキ。（　）

㉕海《うみ》と陸《りく》のヒリツ。（　）

㉖二十一《にじゅういっ》セイキ。（　）

㉗フクスウのチーム。（　）

㉘戦国時代《せんごくじだい》のブシ。（　）

㉙線路《せんろ》のフッキュウ作業《さぎょう》。（　）

㉚大《おお》きなブツゾウ。（　）

書《か》き問題《もんだい》⑥

/30

★——の部分《ぶぶん》の漢字《かんじ》を（　）に書《か》きましょう。

① 仲間《なかま》をフやす。（　）
② 寒《さむ》さをフセぐ。（　）
③ 体重《たいじゅう》がへる。（　）
④ テストのヘイキンテン。（　）
⑤ おベントウを食《た》べる。（　）
⑥ 外国《がいこく》とボウエキする。（　）
⑦ 先生《せんせい》にホウコクする。（　）
⑧ ボウハンカメラ。（　）
⑨ 子犬《こいぬ》をホゴする。（　）

⑩ 絵《え》の具《ぐ》をマぜる。（　）
⑪ 買《か》い物《もの》をマカせる。（　）
⑫ マズしい暮《く》らし。（　）
⑬ 友達《ともだち》を家《いえ》にマネく。（　）
⑭ 道《みち》にマヨう。（　）
⑮ 川《かわ》の水《みず》かさがマす。（　）
⑯ 約束《やくそく》をヤブる。（　）
⑰ ユウジョウを深《ふか》める。（　）
⑱ 船《ふね》でユソウする。（　）
⑲ 自然《しぜん》ユタかな土地《とち》。（　）
⑳ 将来《しょうらい》のユメ。（　）
㉑ 書店《しょてん》に立《た》ちヨる。（　）

㉒ ヨウケンを伝《つた》える。（　）
㉓ ヨケイなお世話《せわ》。（　）
㉔ 母《はは》をヨロコばせる。（　）
㉕ リエキを上《あ》げる。（　）
㉖ 返事《へんじ》をホリュウにする。（　）
㉗ 日本《にほん》のリョウド。（　）
㉘ ルスバン電話《でんわ》。（　）
㉙ レキシの勉強《べんきょう》。（　）
㉚ タンポポのワタゲ。（　）

もっとくわしく！

特別《とくべつ》な読《よ》み方《かた》の漢字《かんじ》

読《よ》み問題《もんだい》

／30

★――の漢字《かんじ》の読《よ》みがなを（　）に書《か》きましょう。

①大人の入場料《にゅうじょうりょう》。（　）
②川原を散歩《さんぽ》する。（　）
③歌《うた》が上手な人《ひと》。（　）
④七夕のかざりを作《つく》る。（　）
⑤四月《しがつ》一日。（　）
⑥二十日間《かん》の休《やす》み。（　）
⑦一人で暮《く》らす。（　）
⑧妹《いもうと》が二人。（　）
⑨二日間《かん》の旅行《りょこう》。（　）

⑩料理《りょうり》が下手。（　）
⑪明日の予定《よてい》。（　）
⑫お母さんとお父さん。（　・　）
⑬今日と昨日。（　・　）
⑭今朝は早《はや》く起《お》きた。（　）
⑮今年の手帳《てちょう》。（　）
⑯うで時計をつける。（　）
⑰お兄さんとお姉さん。（　・　）
⑱部屋を片付《かたづ》ける。（　）
⑲真面目な人《ひと》。（　）
⑳真っ赤なランドセル。（　）
㉑真っ青な洋服《ようふく》。（　）

㉒近所《きんじょ》の八百屋さん。（　）
㉓果物を食《た》べる。（　）
㉔山頂《さんちょう》からの景色。（　）
㉕清水がわき出《で》る。（　）
㉖母を手伝う。（　）
㉗迷子の友達。（　・　）
㉘河原の石《いし》を拾《ひろ》う。（　）
㉙博士が研究《けんきゅう》する。（　）
㉚眼鏡がこわれる。（　）

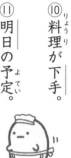

6《ろく》年《ねん》生《せい》で習《なら》う漢字《かんじ》

191字《じ》

至 灰 机 宅 宇 存 吸 后 危 6画《かく》 穴 庁 幼 処 冊 5画《かく》 片 尺 収 仁 4画《かく》 干 己 寸 亡 3画《かく》

拡 延 届 宝 宙 宗 垂 呼 刻 券 供 乳 並 8画《かく》 系 私 我 忘 批 孝 困 否 卵 乱 7画《かく》 舌

看 皇 肺 背 胃 泉 段 染 映 退 派 洗 律 専 宣 姿 奏 巻 9画《かく》 枚 承 忠 若 沿 拝 担

討 蚕 納 純 秘 胸 班 株 朗 恩 陛 除 降 従 座 展 将 射 党 俵 俳 値 10画《かく》 革 紅 砂

創 割 12画《かく》 頂 閉 訳 訪 視 翌 窓 盛 異 脳 欲 郵 郷 著 済 探 推 捨 密 域 11画《かく》 骨 針

盟 腹 腸 暖 蒸 源 幕 傷 13画《かく》 貴 詞 装 裁 衆 策 筋 補 痛 棒 晩 敬 揮 就 尊 善 勤

敵 遺 蔵 潮 劇 15画《かく》 閣 銭 認 誌 誤 穀 磁 疑 模 暮 障 層 14画《かく》 預 賃 誠 裏 聖 絹 署

警 臓 19画《かく》 難 臨 簡 18画《かく》 覧 縮 厳 優 17画《かく》 鋼 縦 糖 樹 憲 激 操 奮 16画《かく》 論 誕 諸 熟 権

6年生の漢字

読《よ》み問題《もんだい》①

/30

★ ――の漢字《かんじ》の読《よ》みがなを（　）に書《か》きましょう。

① 並木道を歩《ある》く。（　）
② 電車《でんしゃ》のダイヤが乱れる。（　）
③ 牛《うし》の乳をしぼる。（　）
④ 海外《かいがい》に亡命する。（　）
⑤ 仁徳にあふれる人《ひと》。（　）
⑥ お墓《はか》にお供えする。（　）
⑦ 価値がある本《ほん》。（　）

⑧ ドラマに出演《しゅつえん》する俳優。（　）
⑨ 米俵をかつぐ。（　）

⑩ 自転車《じてんしゃ》が損傷した。（　）
⑪ 党首が話《はな》し合《あ》う。（　）
⑫ 本《ほん》を三冊読《よ》む。（　）
⑬ 薬《くすり》を処方する。（　）

⑭ 遊園地《ゆうえんち》の入場券。（　）
⑮ 野菜《やさい》を細《こま》かく刻む。（　）
⑯ 割高な商品《しょうひん》。（　）
⑰ 新《あたら》しい文化《ぶんか》を創る。（　）
⑱ 劇薬をあつかう。（　）
⑲ 父《ちち》の勤め先《さき》。（　）
⑳ 道路《どうろ》で遊《あそ》ぶのは危ない。（　）
㉑ ウミガメの卵。（　）

㉒ 全八《ぜんはち》巻のまんが。（　）
㉓ 箱《はこ》の中《なか》に収める。（　）
㉔ 皇太后の帯《おび》留《ど》め。（　）
㉕ うわさ話《ばなし》を否定する。（　）
㉖ 善い行《おこな》いをする。（　）
㉗ 空気《くうき》を吸う。（　）
㉘ 鼻《はな》で呼吸する。（　）
㉙ 返事《へんじ》に困る。（　）
㉚ 水《みず》が垂れる。（　）

読《よ》み問《もん》題《だい》②

/30

★ ――の漢字《かんじ》の読《よ》みがなを（　）に書《か》きましょう。

①日本《にほん》の領域。（　）
②クラス全員《ぜんいん》で合奏する。（　）
③勇気《ゆうき》を奮う。（　）
④姿勢を正《ただ》す。（　）
⑤現存する最古《さいこ》の仏像《ぶつぞう》。（　）
⑥忠孝を重《おも》んじる。（　）
⑦宇宙について研究《けんきゅう》する。（　）
⑧夕方《ゆうがた》に帰宅した。（　）
⑨様々《さまざま》な宗教。（　）

⑩国宝に指定《してい》される。（　）
⑪重大《じゅうだい》な宣言をする。（　）
⑫一寸法師《ぼうし》のお話《はなし》。（　）
⑬専門家の意見《いけん》。（　）
⑭矢《や》を射る。（　）
⑮歴代《れきだい》の将軍。（　）
⑯祖先《そせん》を尊ぶ。（　）
⑰就学のお祝《いわ》い。（　）
⑱十分《じゅうぶん》の一《いち》の縮尺。（　）
⑲欠席届を提出《ていしゅつ》する。（　）
⑳地層を調査《ちょうさ》する。（　）
㉑自己を見《み》つめる。（　）

㉒幕が上《あ》がる。（　）
㉓干害が多《おお》い土地《とち》。（　）
㉔幼児用の絵本《えほん》。（　）
㉕山《やま》の頂。（　）
㉖星座を観察《かんさつ》する。（　）
㉗授業時間《じゅぎょうじかん》が延びる。（　）
㉘ピアノを調律する。（　）
㉙ホテルの従業員。（　）
㉚厳密に調《しら》べる。（　）

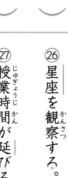

6年生の漢字

読《よ》み問題《もんだい》③

/30

★——の漢字《かんじ》の読《よ》みがなを（　）に書《か》きましょう。

①作品《さくひん》を批評する。

②うわさが拡散する。

③記録係《きろくがかり》を担当する。

④仏様《ほとけさま》を拝む。

⑤四捨五入《ごにゅう》をする。

⑥計画《けいかく》を推進する。

⑦ジャングルを探検する。

⑧オーケストラの指揮者。

⑨飛行機《ひこうき》を操縦する。

⑩海沿いの道《みち》を歩《ある》く。

⑪洗練されたデザイン。

⑫新《あら》たな問題《もんだい》が派生する。

⑬日本《にほん》の経済。

⑭元気《げんき》の源。

⑮新《あたら》しい時代《じだい》の風潮。

⑯足《あし》に激痛が走《はし》る。

⑰母《はは》は若く見《み》える。

⑱著者のサイン。

⑲蒸気機関車《きかんしゃ》。

⑳図書館《としょかん》の蔵書。

㉑野球選手《やきゅうせんしゅ》が引退する。

㉒世界《せかい》遺産に登録《とうろく》される。

㉓郷土の歴史《れきし》を調《しら》べる。

㉔郵便番号《ばんごう》を書《か》く。

㉕電車《でんしゃ》から降りる。

㉖不信感《ふしんかん》を取《と》り除く。

㉗仕事《しごと》に支障をきたす。

㉘忘れ物《もの》をしない。

㉙謝恩会の準備《じゅんび》。

㉚立憲政治《せいじ》を行《おこな》う。

6年生の漢字

読《よ》み問《もん》題《だい》④

／30

★——の漢字《かんじ》の読《よ》みがなを（　）に書《か》きましょう。

① 我先に、にげる。（　　）

② お祭《まつ》りを伝承する。（　　）

③ 年上《としうえ》の人《ひと》を敬う。（　　）

④ 強敵が現《あらわ》れる。（　　）

⑤ 海外《かいがい》で暮らす。（　　）

⑥ 鏡《かがみ》に映る。（　　）

⑦ 朝晩は気温《きおん》が下《さ》がる。（　　）

⑧ 部屋《へや》を暖める。（　　）

⑨ 明朗な性格《せいかく》。（　　）

⑩ 夕日《ゆうひ》で空《そら》が染まる。（　　）

⑪ 机の上《うえ》に本《ほん》を置《お》く。（　　）

⑫ 十枚入《い》りの折《お》り紙《がみ》。（　　）

⑬ 株価が上《あ》がる。（　　）

⑭ 棒の長《なが》さを測《はか》る。（　　）

⑮ 規模が大《おお》きい。（　　）

⑯ 王様《おうさま》の権力。（　　）

⑰ 校庭《こうてい》に植樹する。（　　）

⑱ 意欲を出《だ》して勉強《べんきょう》する。（　　）

⑲ パンの値段が上《あ》がる。（　　）

⑳ 清《きよ》らかな泉。（　　）

㉑ たき火《び》の灰が飛《と》ぶ。（　　）

㉒ 半熟の目玉《めだま》焼《や》き。（　　）

㉓ 片手で荷物《にもつ》を持《も》つ。（　　）

㉔ 班長になる。（　　）

㉕ 胃腸のはたらき。（　　）

㉖ 肺の病《やまい》にかかる。（　　）

㉗ 兄《あに》は度胸がある。（　　）

㉘ 世界《せかい》の首脳が集《あつ》まる。（　　）

㉙ 腹巻きをつける。（　　）

㉚ 臓器を移植《いしょく》する。（　　）

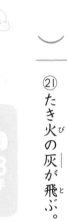

6年生の漢字

読《よ》み問題《もんだい》⑤

／30

★——の漢字《かんじ》の読《よ》みがなを（　）に書《か》きましょう。

①異国の文化《ぶんか》を学《まな》ぶ。（　）

②犯人《はんにん》かと疑う。（　）

③天皇陛下のお言葉《ことば》。（　）

④お皿《さら》に盛りつける。（　）

⑤国連《こくれん》に加盟する。（　）

⑥看護師の仕事《しごと》。（　）

⑦砂場で遊《あそ》ぶ。（　）

⑧磁器の産地《さんち》。（　）

⑨私物に名前《なまえ》を書《か》く。（　）

⑩神秘的な景色《けしき》。（　）

⑪雑穀米を食《た》べる。（　）

⑫穴場のレストラン。（　）

⑬同窓会に出席《しゅっせき》する。（　）

⑭書類《しょるい》に署名する。（　）

⑮ビルの補強工事《こうじ》。（　）

⑯背筋をのばす。（　）

⑰森《もり》を散策する。（　）

⑱簡潔な文章《ぶんしょう》。（　）

⑲糖分が多《おお》い食《た》べ物《もの》。（　）

⑳バスの系統を調《しら》べる。（　）

㉑口紅をつける。（　）

㉒純度の高《たか》い金《きん》。（　）

㉓キッチンの収納。（　）

㉔絹織物の工場《こうじょう》。（　）

㉕翌週の天気予報《てんきよほう》。（　）

㉖フランスの大《だい》聖堂。（　）

㉗至福の一時《ひととき》。（　）

㉘舌打ちをする。（　）

㉙蚕糸業で栄《さか》えた町《まち》。（　）

㉚アメリカ合衆国。（　）

6年生の漢字

読《よ》み問《もん》題《だい》⑥

/30

★——の漢字《かんじ》の読《よ》みがなを（　）に書《か》きましょう。

①布《ぬの》を裁断する。（　）
②登山用《とざんよう》の装備。（　）
③くつ下《した》を裏返す。（　）
④目《め》を閉じる。（　）
⑤展覧会に行《い》く。（　）
⑥警視庁の職員《しょくいん》。（　）
⑦やり方《かた》を討議する。（　）
⑧家庭《かてい》訪問の日程《にってい》。（　）
⑨日本語《にほんご》に訳す。（　）

⑩動詞の活用《かつよう》を学《まな》ぶ。（　）
⑪誠実に対応《たいおう》する。（　）
⑫誤字を見《み》つける。（　）
⑬日直《にっちょく》が日誌を書《か》く。（　）
⑭認め印《いん》をおす。（　）
⑮南洋《なんよう》の諸島。（　）
⑯生誕百年《ひゃくねん》のお祝《いわ》い。（　）
⑰弁論大会《たいかい》に出場《しゅつじょう》する。（　）
⑱貴重品を保管《ほかん》する。（　）
⑲家賃をはらう。（　）
⑳臨海学校《がっこう》に行《い》く。（　）
㉑針に糸《いと》を通《とお》す。（　）

㉒銭湯に行《い》く。（　）
㉓鉄鋼業の会社《かいしゃ》。（　）
㉔お店《みせ》の閉店時間《じかん》。（　）
㉕閣議で決定《けってい》する。（　）
㉖難しい問題《もんだい》。（　）
㉗産業《さんぎょう》革命が起《お》こる。（　）
㉘プレゼントを頂く。（　）
㉙お年玉《としだま》を預金する。（　）
㉚動物《どうぶつ》の骨格標本《ひょうほん》。（　）

書《か》き問題《もんだい》①

／30

★——の部分《ぶぶん》の漢字《かんじ》を（　）に書《か》きましょう。

①荷物《にもつ》をアズける。（　）
②アナをほる。（　）

③計算《けいさん》をアヤマる。（　）
④食器《しょっき》をアラう。（　）
⑤アンピを調《しら》べる。（　）
⑥おなかがイタい。（　）
⑦目的地《もくてきち》にイタる。（　）
⑧イチョウヤクを飲《の》む。（　）
⑨親《おや》から子《こ》にイデンする。（　）

⑩ウチュウ飛行士《ひこうし》。（　）
⑪校舎《こうしゃ》のウラガワ。（　）
⑫バスのウンチン。（　）
⑬エイガを見《み》に行《い》く。（　）
⑭古《ふる》いエマキモノ。（　）
⑮学校《がっこう》のエンカク。（　）
⑯遠足《えんそく》がエンキになる。（　）
⑰楽器《がっき》をエンソウする。（　）
⑱水分《すいぶん》をオギナう。（　）
⑲注文《ちゅうもん》の品《しな》をオサめる。（　）
⑳オサナい妹《いもうと》と遊《あそ》ぶ。（　）
㉑オヤコウコウをする。（　）

㉒命《いのち》のオンジン。（　）
㉓オンセンに入《はい》る。（　）
㉔オンダンな気候《きこう》。（　）
㉕カイコを育《そだ》てる。（　）
㉖規制《きせい》をカイジョする。（　）
㉗食生活《しょくせいかつ》をカイゼンする。（　）
㉘カクダイコピー。（　）
㉙カケイズを見《み》る。（　）
㉚校歌《こうか》のカシを覚《おぼ》える。（　）

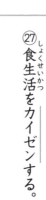

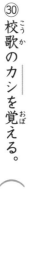

6年生の漢字

書《か》き問《もん》題《だい》②

／30

★——の部分《ぶぶん》の漢字《かんじ》を（　）に書《か》きましょう。

①ハロウィンのカソウ。（　）
②カタミチの交通費《こうつうひ》。（　）
③大《おお》きな切《き》りカブ。（　）
④カンタンな問題《もんだい》。（　）
⑤お店《みせ》のカンバン。（　）
⑥カンランシャに乗《の》る。（　）
⑦キケンな山道《やまみち》。（　）

⑧キズグチを止血《しけつ》する。（　）
⑨平安時代《へいあんじだい》のキゾク。（　）

⑩キヌのブラウス。（　）
⑪寒《さむ》さがキビしい。（　）
⑫ギモンテンを聞《き》く。（　）
⑬水《みず》をキュウシュウする。（　）
⑭ギュウニュウを飲《の》む。（　）
⑮キンセン感覚《かんかく》。（　）
⑯キンニクをきたえる。（　）
⑰日《ひ》がクれる。（　）

⑱大雨《おおあめ》ケイホウが出《で》る。（　）
⑲ケントウを重《かさ》ねる。（　）
⑳ケンポウを制定《せいてい》する。（　）
㉑ケンリを主張《しゅちょう》する。（　）

㉒コウゴウヘイカ。（　）
㉓バスのコウシャボタン。（　）
㉔コウソウビルが建《た》つ。（　）
㉕コウテツセイの橋《はし》。（　）
㉖コウハクのぼうし。（　）
㉗友達《ともだち》とコウロンになる。（　）
㉘父《ちち》のコキョウに行《い》く。（　）
㉙コクモツを育《そだ》てる。（　）
㉚車《くるま》がコショウする。（　）

6年生の漢字

書《か》き問《もん》題《だい》③

／30

★——の部分《ぶぶん》の漢字《かんじ》を（　）に書《か》きましょう。

①真実《しんじつ》とコトなる話《はなし》。（　）
②コドモの時《とき》の服《ふく》。（　）
③コンナンを乗《の》りこえる。（　）
④サガし物《もの》が見《み》つかる。（　）
⑤空《あ》いているザセキ。（　）
⑥ザッシを買《か》う。（　）
⑦本《ほん》のサッスウを調《しら》べる。（　）
⑧サトウを入《い》れる。（　）
⑨罪《つみ》をサバく。（　）

⑩ドアをシめる。（　）
⑪海《うみ》のシオカゼ。（　）
⑫ジコ流《りゅう》で覚《おぼ》える。（　）
⑬ジコクを確《たし》かめる。（　）
⑭指示《しじ》にシタガう。（　）
⑮ジタクの住所《じゅうしょ》。（　）
⑯シタタらずな話《はな》し方《かた》。（　）
⑰シボウ事故《じこ》のニュース。（　）
⑱シャクドを測《はか》る。（　）
⑲シュウショクが決《き》まる。（　）
⑳お寺《てら》のシュウハ。（　）
㉑ジュクしたリンゴ。（　）

㉒新記録《しんきろく》をジュリツする。（　）
㉓ジュンパクのドレス。（　）
㉔電車《でんしゃ》のジョウシャケン。（　）
㉕要望《ようぼう》をショウチする。（　）
㉖水分《すいぶん》がジョウハツする。（　）
㉗ショウボウショの建物《たてもの》。（　）
㉘ショウライの夢《ゆめ》。（　）
㉙ショクヨクがない。（　）
㉚ショコクを旅《たび》する。（　）

書《か》き問題《もんだい》④

／30

★——の部分《ぶぶん》の漢字《かんじ》を（　）に書《か》きましょう。

①本《ほん》をショブンする。（　）
②提案《ていあん》をシリゾける。（　）
③シリョクを測《はか》る。（　）
④ジリョクが強《つよ》い。（　）
⑤ジンアイの心《こころ》。（　）
⑥ごみをスてる。（　）

⑦用事《ようじ》をスませる。（　）
⑧スイチョクに線《せん》を引《ひ》く。（　）
⑨スイリ小説《しょうせつ》を読《よ》む。（　）

⑩友達《ともだち》の後《うし》ろスガタ。（　）
⑪すぐれたズノウ。（　）
⑫洋服《ようふく》のスンポウ。（　）
⑬セがのびた。（　）
⑭セイイを示《しめ》す。（　）

⑮セイカリレー。（　）
⑯セイトウの支持率《しじりつ》。（　）
⑰新商品《しんしょうひん》のセンデン。（　）
⑱勉強《べんきょう》にセンネンする。（　）
⑲布《ぬの》をソめる。（　）
⑳ソウリツ記念日《きねんび》。（　）
㉑ソンケイする人物《じんぶつ》。（　）

㉒思《おも》うゾンブンに遊《あそ》ぶ。（　）
㉓ラジオタイソウ。（　）
㉔タカラモノを見《み》つける。（　）
㉕友達《ともだち》の家《いえ》をタズねる。（　）
㉖タテ書《が》きのノート。（　）
㉗親鳥《おやどり》がタマゴを温《あたた》める。（　）
㉘妹《いもうと》のタンジョウビ。（　）
㉙チイキの歴史《れきし》。（　）
㉚セーターがチヂむ。（　）

書《か》き問題《もんだい》⑤

／30

★——の部分《ぶぶん》の漢字《かんじ》を（　）に書《か》きましょう。

① チュウジツな犬《いぬ》。（　）
② 予防《よぼう》チュウシャ。（　）
③ 富士山《ふじさん》のチョウジョウ。（　）
④ チョメイな作家《さっか》。（　）
⑤ 電車《でんしゃ》でツウキンする。（　）
⑥ ツクエで勉強《べんきょう》をする。（　）
⑦ 情報《じょうほう》をテイキョウする。（　）
⑧ テキと味方《みかた》。（　）

⑨ テツボウで遊《あそ》ぶ。（　）

⑩ テレビのデンゲン。（　）
⑪ お城《しろ》のテンシュカク。（　）
⑫ ドウメイを結《むす》ぶ。（　）
⑬ トチョウを見学《けんがく》する。（　）
⑭ 手紙《てがみ》がトドく。（　）

⑮ すもうのドヒョウ。（　）
⑯ 一列《いちれつ》にナラぶ。（　）
⑰ ニンギョウゲキを見《み》る。（　）
⑱ 洋服《ようふく》のネダン。（　）
⑲ ハイイロの絵《え》の具《ぐ》。（　）
⑳ ハイゾウのはたらき。（　）
㉑ ハイクをよむ。（　）

㉒ 手紙《てがみ》をハイドクする。（　）
㉓ バクマツの歴史《れきし》。（　）
㉔ ハゲしい風雨《ふうう》。（　）
㉕ 実力《じつりょく》をハッキする。（　）
㉖ 産業《さんぎょう》がハッテンする。（　）
㉗ ハンごとに登校《とうこう》する。（　）
㉘ バンご飯《はん》を食《た》べる。（　）
㉙ ヒサクを練《ね》る。（　）
㉚ ヒハン的《てき》な意見《いけん》。（　）

書《か》き問題《もんだい》⑥

／30

★——の部分《ぶぶん》の漢字《かんじ》を（　）に書《か》きましょう。

①時計《とけい》のビョウシン。（　）
②雪《ゆき》がフリ始《はじ》める。（　）
③仕事《しごと》をブンタンする。（　）
④お年玉《としだま》をフンパツする。（　）
⑤タオルをホす。（　）
⑥ホウリツを守《まも》る。（　）

⑦足《あし》のホネを折《お》る。（　）
⑧プリントのマイスウ。（　）
⑨教室《きょうしつ》のマドを開《あ》ける。（　）

⑩マンプクになる。（　）
⑪人口《じんこう》ミツド。（　）
⑫失敗《しっぱい》をミトめる。（　）
⑬ミンシュウが集《あつ》まる。（　）
⑭ムネが苦《くる》しい。（　）
⑮電車《でんしゃ》のモケイ。（　）
⑯ヤマモリのご飯《はん》。（　）
⑰大会《たいかい》でユウショウした。（　）
⑱手紙《てがみ》をユウソウする。（　）
⑲名前《なまえ》をヨぶ。（　）

⑳ヨクジツの準備《じゅんび》。（　）
㉑光《ひかり》がランハンシャする。（　）

㉒リンジ休業《きゅうぎょう》する。（　）
㉓レイゾウコで冷《ひ》やす。（　）
㉔詩《し》をロウドクする。（　）
㉕お皿《さら》がワれる。（　）
㉖ワカモノが集《あつ》まる。（　）
㉗言《い》いワケをする。（　）
㉘宿題《しゅくだい》をワスれた。（　）
㉙ワタシの名前《なまえ》。（　）
㉚ワレながら良《よ》くできた。（　）

もっとくわしく！

特別《とくべつ》な読《よ》み方《かた》の漢字《かんじ》 書《か》き問題《もんだい》

／30

★――の部分《ぶぶん》の漢字《かんじ》を（　）に書《か》きましょう。

① オトナと子供《こども》。（　）
② カワラで遊《あそ》ぶ。（　）
③ 絵《え》がジョウズ。（　）
④ タナバタのお祭《まつ》り。（　）
⑤ 一月《いちがつ》ツイタチ。（　）
⑥ 九月《くがつ》ハツカ。（　）
⑦ ヒトリで出《で》かける。（　）
⑧ 十一月《じゅういちがつ》フツカ。（　）
⑨ 字《じ》がヘタ。（　）

⑩ アスの天《てん》気《き》予《よ》報《ほう》。（　）
⑪ キョウのニュース。（　）
⑫ ケサのできごと。（　）
⑬ コトシのカレンダー。（　）
⑭ おトウさんのメガネ。（　・　）
⑮ トケイを見《み》る。（　）
⑯ おネエさんがフタリ。（　・　）
⑰ 自分《じぶん》のヘヤ。（　）
⑱ マジメに勉強《べんきょう》する。（　）
⑲ マッカなコート。（　）
⑳ 顔《かお》がマッサオになる。（　）
㉑ ヤオヤで買《か》い物《もの》をする。（　）

㉒ キノウの復習《ふくしゅう》。（　）
㉓ 好きなクダモノ。（　）
㉔ ケシキをながめる。（　）
㉕ シミズが流《なが》れる。（　）
㉖ おテツダいをする。（　）
㉗ トモダチのおカアさん。（　・　）
㉘ おニイさんと歩《ある》く。（　）
㉙ 漢字《かんじ》ハカセになる。（　）
㉚ 駅《えき》でマイゴになる。（　）

答《こた》え合《あ》わせ

1年《ねん》生《せい》の漢《かん》字《じ》

読《よ》み問題《もんだい》①（6ページ）

①ひと　②しちごさん　③お　④か
⑤さんにん　⑥あ　⑦うわ　⑧じゅう
⑨きゅう　⑩こう　⑪ふた　⑫いつ
⑬じんこう　⑭なん　⑮きゅう　⑯せんせい
⑰にゅう　⑱はち　⑲ろく　⑳まる
㉑しゅつ　㉒ちから　㉓りき　㉔じゅうにん
㉕とおか　㉖せんにん　㉗く　㉘みぎて
㉙せいねん　㉚しがつ

読《よ》み問題《もんだい》②（7ページ）

①つち　②ゆう　③おお　④てんき
⑤おんな　⑥し　⑦じ　⑧まな
⑨しょうがくせい　⑩ちい　⑪さん
⑫おがわ　⑬さ　⑭どぼく　⑮はな　⑯そう
⑰さ　⑱せき・い　⑲ぶん　⑳にち　㉑はや
㉒つきみ　㉓き　㉔おおもと　㉕しんりん
㉖むら　㉗す　㉘せい　㉙しょう　㉚くうき

読《よ》み問題《もんだい》③（8ページ）

①みず　②か　③けん　④おうて　⑤だま
⑥い　⑦いっしょう　⑧た　⑨おとこ
⑩ちょう　⑪はく　⑫ひゃく　⑬もく
⑭しゃく　⑮あ　⑯たち　⑰たけ　⑱し
⑲みみ　⑳むし　㉑けん　㉒がい　㉓せき
㉔にそく　㉕しゃ　㉖きん　㉗おおあめ
㉘な　㉙おん　㉚おと

書《か》き問題《もんだい》①（9ページ）

①青　②赤　③足　④天・川　⑤一　⑥糸
⑦犬　⑧雨　⑨上　⑩王　⑪女　⑫花
⑬貝　⑭学年　⑮金　⑯空　⑰川上　⑱玉
⑲草　⑳口　㉑車　㉒気　㉓下校　㉔月
㉕子　㉖小石　㉗九　㉘五本　㉙金　㉚先

書《か》き問題《もんだい》②（10ページ）

①左右　②下　③下　④十本　⑤手　⑥上
⑦日　⑧女子　⑨白　⑩水　⑪生　⑫早
⑬空　⑭村　⑮立　⑯足　⑰大　⑱正　⑲出
⑳男子　㉑千　㉒竹林　㉓虫　㉔中　㉕出
㉖田　㉗土　㉘年下　㉙中　㉚七

書《か》き問題《もんだい》③（11ページ）

①生　②音　③入　④生　⑤林　⑥火
⑦左手　⑧人　⑨百円　⑩二　⑪文　⑫本
⑬町　⑭円　⑮見　⑯三　⑰耳　⑱名字
⑲六　⑳目　㉑木　㉒文字　㉓森　㉔休
㉕八　㉖山　㉗夕日　㉘四　㉙立　㉚力

★読《よ》み方《かた》が多《おお》い漢字《かんじ》（12ページ）

❶ ①じょう　②うえ　③うわ　④かみ
⑤あ　⑥のぼ
❷ ①か　②げ　③した　④しも　⑤さ
⑥くだ　⑦お
❸ ①せい　②じょう　③い　④う　⑤は
⑥なま
❹ ①せい　②しょう　③ただ　④まさ

2年生《ねんせい》の漢字《かんじ》

読《よ》み問題《もんだい》①（14ページ）

①いちまんえん ②がん ③こうつう
④とうきょう ⑤なんじ ⑥こうさく
⑦たい ⑧わ・あ ⑨あ ⑩げんき ⑪あに
⑫にっこう ⑬うち ⑭こうりつ ⑮とう
⑯にほんとう ⑰き ⑱ごふんかん
⑲ぜんや ⑳ほっかいどう ㉑ごご
㉒はんぶん ㉓なん ㉔こう ㉕とも
㉖ふる ㉗たいふう ㉘がっ ㉙どうてん
㉚こんかい

読《よ》み問題《もんだい》②（15ページ）

①ちず ②きたぐに ③えん ④じょうがい
⑤せい ⑥ばい ⑦か ⑧すこ・はず
⑨おお ⑩たい ⑪あね ⑫いもうと
⑬きょうしつ ⑭か ⑮てら ⑯しょう
⑰とう ⑱いわやま ⑲し ⑳かえ
㉑こうだい ㉒とうてん ㉓ゆみ
㉔きょうだい ㉕よわ ㉖ひ
㉗きょうじゃく ㉘さんかくけい ㉙さい
㉚でんち

読《よ》み問題《もんだい》③（16ページ）

①き ②うみ ③かっき ④ちゃ ⑤ちか
⑥いっしゅうかん ⑦みち ⑧えんそく
⑨ちゅうしん ⑩し ⑪いっこ ⑫おそ
⑬かぞ ⑭こま ⑮かた ⑯はる
⑰ふゆ・せい ⑱よあ ⑲めい・き
⑳ちゅうしょく ㉑は ㉒どようび ㉓か
㉔そうげん ㉕けらい ㉖たの ㉗かしゅ
㉘と ㉙ある ㉚てんとう

読《よ》み問題《もんだい》④（17ページ）

①まいあさ ②もう ③ふぼ ④こうし
⑤り・き ⑥しゃかいか ⑦かんが
⑧さよう ⑨けいかく ⑩でんわばん
⑪なお ⑫や ⑬し ⑭ただ ⑮しゅうぶん
⑯とう ⑰さんすう ⑱こめ ⑲てがみ
⑳さいく ㉑あら・そ ㉒えほん ㉓せん
㉔はおと ㉕しんぶん ㉖にくしょく ㉗じ
㉘ふうせん ㉙さんしょく ㉚ぎょう

読《よ》み問題《もんだい》⑤（18ページ）

①にしび ②おやこ ③まちかど ④げん
⑤き ⑥はな・あ ⑦こくご ⑧おんどく
⑨たに ⑩か ⑪はし ⑫り ⑬やせい
⑭こむぎ ⑮なが ⑯せいもん ⑰ま・あ
⑱おおゆき ⑲うんかい ⑳ずじょう
㉑かお ㉒かぜ ㉓しゅ ㉔こうま
㉕こうこう ㉖さかな ㉗ことり ㉘めい
㉙おうどいろ ㉚こく

書《か》き問題《もんだい》①（19ページ）

①当 ②間 ③明 ④秋 ⑤朝 ⑥兄・弟
⑦姉・妹 ⑧頭 ⑨新 ⑩後回 ⑪雨戸
⑫行 ⑬言 ⑭家 ⑮池 ⑯今 ⑰引
⑱魚市場 ⑲売・切 ⑳後 ㉑元・歌 ㉒行
㉓教 ㉔同 ㉕思 ㉖音楽 ㉗絵画 ㉘会話
㉙自・帰 ㉚数・合

書《か》き問題《もんだい》②（20ページ）

①語 ②形 ③角 ④通 ⑤体 ⑥顔
⑦岩石 ⑧方・帰 ⑨聞 ⑩黄色 ⑪汽車
⑫北風 ⑬教科 ⑭近海 ⑮金魚 ⑯来
⑰首 ⑱組 ⑲雲 ⑳黒 ㉑毛糸 ㉒月曜
㉓考 ㉔合 ㉕公園 ㉖校長 ㉗声・話
㉘小刀 ㉙国内 ㉚心

書《か》き問題《もんだい》③（21ページ）

①午前 ②答 ③算 ④地 ⑤古・寺 ⑥親
⑦社 ⑧春分 ⑨上京 ⑩正直 ⑪記
⑫新米 ⑬親友 ⑭少 ⑮西 ⑯生活
⑰晴天 ⑱雪 ⑲先週 ⑳走 ㉑外 ㉒食
㉓台 ㉔大工 ㉕大切 ㉖高 ㉗多才
㉘谷川 ㉙知人 ㉚父親

書《か》き問題《もんだい》④（22ページ）

①朝食 ②茶色 ③中古 ④中止 ⑤直線
⑥米・作 ⑦角 ⑧強 ⑨電車 ⑩点数
⑪遠回 ⑫時 ⑬図書室 ⑭鳴 ⑮半
⑯夏休 ⑰何 ⑱名前 ⑲新 ⑳人形
㉑牛肉 ㉒野原・走 ㉓売買 ㉔計 ㉕白鳥
㉖馬車 ㉗羽 ㉘母 ㉙東 ㉚光

書《か》き問題《もんだい》⑤（23ページ）

①昼休 ②広 ③太 ④船 ⑤冬 ⑥方
⑦星 ⑧細 ⑨歩道 ⑩毎日 ⑪交
⑫地・丸 ⑬万一 ⑭自 ⑮店番 ⑯南
⑰麦茶 ⑱用
⑲元通 ⑳門
㉑矢 ㉒社
㉓山里 ㉔弓・引
㉕読 ㉖用紙
㉗夜 ㉘弱
㉙楽 ㉚理科

★漢字《かんじ》のめいろ（24ページ）

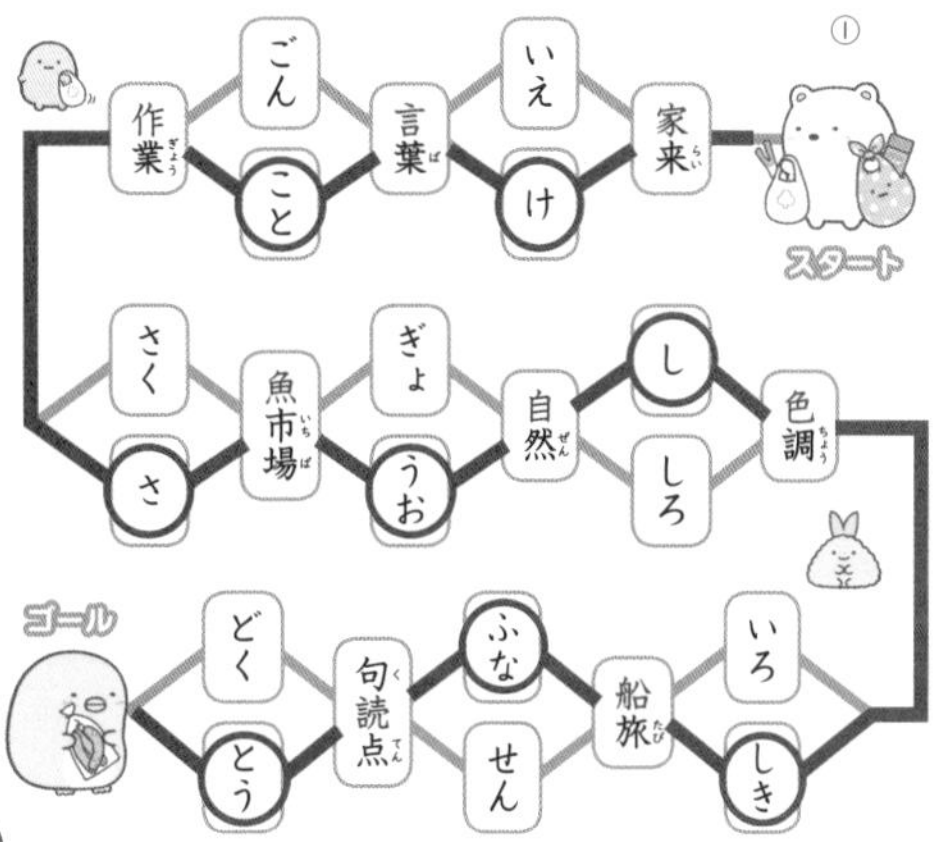

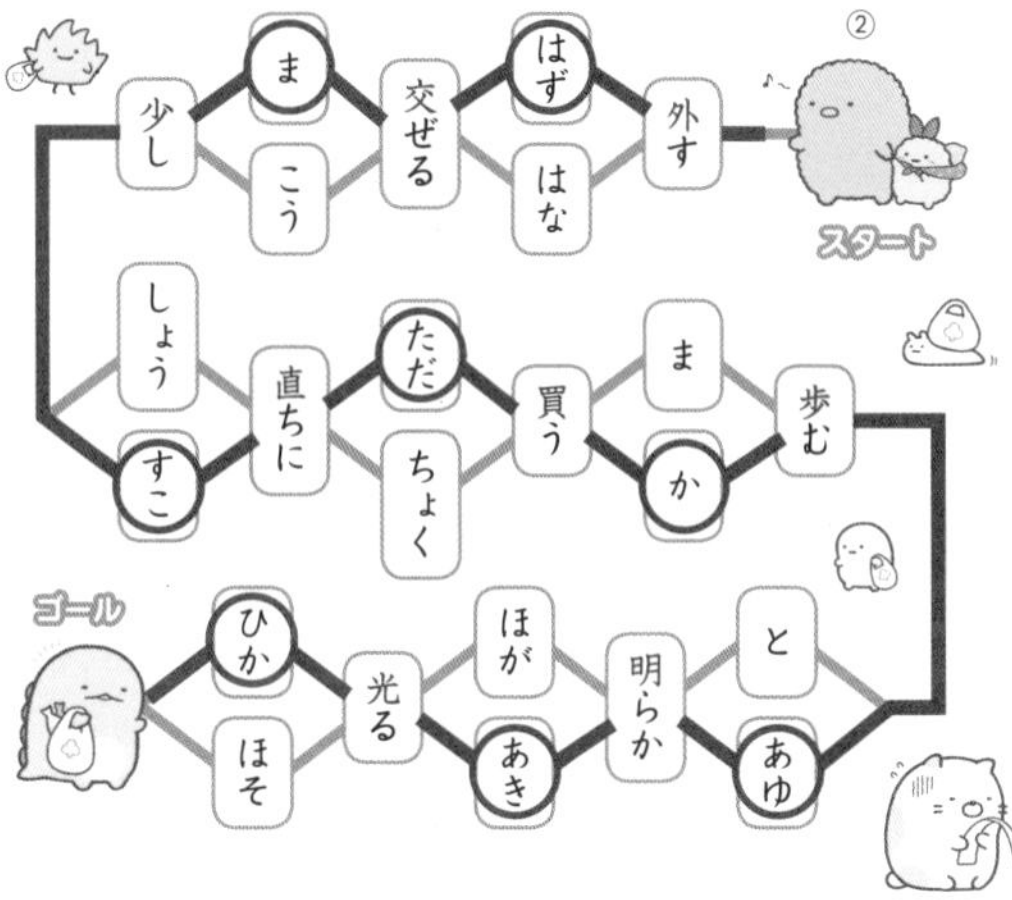

3年生《ねんせい》の漢字《かんじ》

読《よ》み問題《もんだい》①（26ページ）

①ちょう ②ちゅうせい ③はちりょう
④ぬし ⑤じょうしゃ ⑥よ ⑦ものごと
⑧ぎょうじ ⑨ほか ⑩じだい ⑪か ⑫す
⑬つか ⑭かかり ⑮ひといちばい ⑯すべ
⑰ぐ ⑱うつ ⑲さんれつ ⑳たす
㉑べんがく ㉒うご ㉓しょう ㉔か
㉕くぎ ㉖いがく ㉗しょうきょ ㉘そ
㉙と ㉚う

読《よ》み問題《もんだい》②（27ページ）

①ごう ②こうじょう ③む ④しゅくん
⑤めい ⑥しきちょう ⑦しなかず
⑧いいんかい ⑨しょうひん ⑩と ⑪あじ
⑫さか ⑬ちゅうおう ⑭はじ ⑮あんぜん
⑯やす ⑰しゅ ⑱まも ⑲み ⑳さだ
㉑きゃく ㉒きゅうちゅう ㉓あまやど
㉔かん ㉕たいかく ㉖きょくち ㉗き
㉘かいがん ㉙とう ㉚ほんしゅう

読《よ》み問題《もんだい》③（28ページ）

①つうちょう ②びょうどう ③こううん
④おんど ⑤こ ⑥にわ ⑦しき
⑧おくじょう ⑨くる ⑩ま ⑪だかい
⑫とうしょ ⑬し ⑭じ ⑮ひろ
⑯けってい ⑰およ ⑱ちゅうもく
⑲そそ ⑳なみ ㉑あぶら ㉒とうよう
㉓け ㉔つか ㉕しんかい ㉖ふか
㉗こめん ㉘しゅっこう ㉙とう
㉚かんすうじ

読《よ》み問題《もんだい》④（29ページ）

①にがて ②に ③ことば ④らく
⑤やくひん ⑥へん ⑦おく ⑧つい ⑨お
⑩はや ⑪しんがく ⑫すす ⑬はこ
⑭ゆうえんち ⑮と ⑯ぶしゅ
⑰にゅういん ⑱かいきゅう ⑲ようき
⑳きゅう ㉑いそ ㉒きゅうそく
㉓あくやく ㉔かな ㉕ようい ㉖かんどう
㉗そう ㉘ところ ㉙ほう ㉚ととの

読《よ》み問題《もんだい》⑤（30ページ）

①たび ②すいぞくかん ③むかし
④しょき ⑤しょうわ ⑥あんざん ⑦ま
⑧あ ⑨きたい ⑩ふく ⑪ぎょう ⑫いた
⑬でんちゅう ⑭きゅうこん ⑮しょくぶつ
⑯よう ⑰おう ⑱きょう ⑲もくじ ⑳し
㉑りゅうひょう ㉒たん ㉓たま ㉔れい
㉕かみさま ㉖だいふく ㉗にんきもの
㉘いく ㉙もう・ひら ㉚しん

読《よ》み問題《もんだい》⑥（31ページ）

①かい ②はたさく ③やまい ④はっけん
⑤とざん ⑥ひにく ⑦おおざら ⑧けん
⑨あいて ⑩ま ⑪こう・さいわ ⑫たん
⑬けんきゅう ⑭さい ⑮びょうそく
⑯じょう ⑰こうしょう ⑱どう
⑲だいいち ⑳てき ㉑ひつ ㉒はこ
㉓しゅう ㉔りょくちゃ ㉕ね ㉖ようもう
㉗び ㉘ちゃく ㉙つ ㉚なら

読《よ》み問題《もんだい》⑦（32ページ）

①ち ②ひょう ③し ④めんだん
⑤ちょうり ⑥とう ⑦だいず ⑧ふ
⑨きりつ ⑩いえじ ⑪しんちょう ⑫ころ
⑬けいしょく ⑭のうち ⑮しゅ ⑯はい
⑰こころくば ⑱ちょう（じゅう）
⑲おも ⑳ちかてつ ㉑ぎんいろ
㉒しゅうごう ㉓あつ ㉔ひら ㉕だいめい
㉖いん ㉗やかた ㉘えき ㉙し ㉚はな

書《か》き問題《もんだい》①（33ページ）

①開 ②遊 ③温 ④暑 ⑤表 ⑥息
⑦医者 ⑧命 ⑨意味 ⑩受 ⑪打 ⑫植
⑬動 ⑭美 ⑮駅 ⑯落 ⑰追 ⑱終 ⑲起
⑳屋上 ㉑主 ㉒表 ㉓勝 ㉔階 ㉕返
㉖重 ㉗家族 ㉘軽 ㉙皮 ㉚川岸

書《か》き問題《もんだい》②（34ページ）

①漢 ②感想 ③決 ④着 ⑤黄身 ⑥君
⑦客室 ⑧急 ⑨九州 ⑩業 ⑪局 ⑫曲目
⑬銀行 ⑭苦 ⑮具合 ⑯配 ⑰区 ⑱暗
⑲君 ⑳消 ㉑係 ㉒血 ㉓県央 ㉔研究
㉕去 ㉖庫 ㉗工事 ㉘交代 ㉙校庭
㉚幸福

書《か》き問題《もんだい》③（35ページ）

①氷　②黒板　③五丁目　④去　⑤指
⑥坂道　⑦酒　⑧定　⑨様　⑩寒　⑪皿
⑫死　⑬幸　⑭式　⑮仕事　⑯詩集　⑰実習
⑱自転車　⑲始発　⑳島　㉑写真　㉒取
㉓受　㉔自由　㉕集会　㉖住所　㉗宿題
㉘主役　㉙助　㉚使用

書《か》き問題《もんだい》④（36ページ）

①昭和　②調　③進化　④新学期　⑤神社
⑥新商品　⑦守　⑧水泳　⑨炭火　⑩世界
⑪世間　⑫全員　⑬反　⑭送　⑮相談
⑯速度　⑰育　⑱対　⑲平　⑳体重　㉑太陽
㉒他国　㉓助　㉔注文　㉕調整　㉖次
㉗都合　㉘手帳　㉙鉄分　㉚電球

書《か》き問題《もんだい》⑤（37ページ）

①電波　②問　③等　④同級生　⑤登下校
⑥動物園　⑦道路　⑧童話　⑨問屋　⑩投
⑪流　⑫苦　⑬荷物　⑭乗　⑮飲　⑯農園
⑰登　⑱倍　⑲育　⑳化　㉑運　㉒橋　㉓始
㉔柱　㉕畑　㉖放　㉗鼻水　㉘反　㉙番号
㉚羊

書《か》き問題《もんだい》⑥（38ページ）

①等　②悲鳴　③秒　④病院　⑤開　⑥拾
⑦部　⑧笛　⑨深　⑩服　⑪筆箱　⑫文章
⑬平和　⑭勉強　⑮返事　⑯方向　⑰放送
⑱待　⑲負　⑳祭　㉑全　㉒豆　㉓守
㉔見送　㉕味方　㉖短　㉗湖　㉘緑色　㉙港
㉚都

書《か》き問題《もんだい》⑦（39ページ）

①実　②宮　③向　④昔話　⑤虫歯　⑥目薬
⑦面　⑧持　⑨申　⑩者　⑪問題　⑫安
⑬屋根　⑭油　⑮湯　⑯有名　⑰委　⑱指先
⑲由来　⑳葉　㉑洋食　㉒横　㉓予定
㉔落第　㉕両手　㉖旅館　㉗礼　㉘列島
㉙練習　㉚悪

★漢字《かんじ》パズル（40ページ）

①集　②悪　③表
④負　⑤起　⑥重
⑦係　⑧苦　⑨酒
⑩次　⑪速　⑫宿
⑬病　⑭世　⑮代

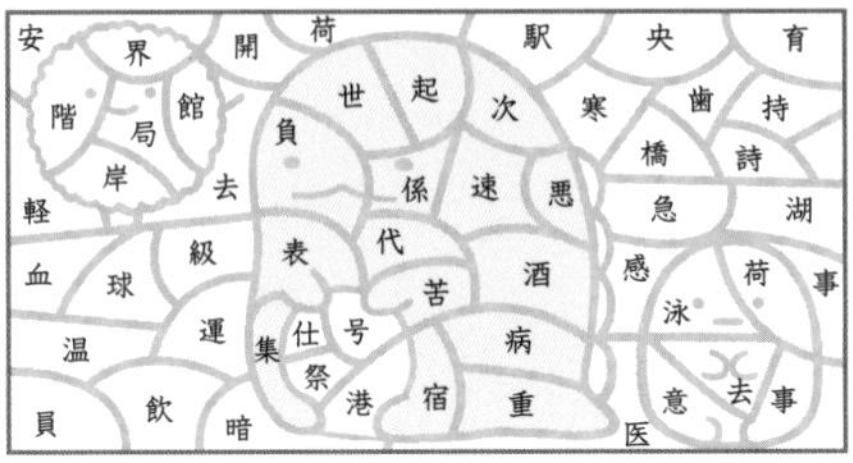

出《で》てきたキャラクター
とかげ

4年生《ねんせい》の漢字《かんじ》

読《よ》み問題《もんだい》①（42ページ）

①ふつう ②あらそ ③ふくい ④いじょう
⑤ひづけ ⑥なかよ ⑦でんごん ⑧つた
⑨くらい ⑩さが ⑪てい ⑫ひく ⑬たと
⑭しん ⑮びん ⑯てんこう ⑰しゃくや
⑱けん ⑲みぎがわ ⑳せきしょ
㉑おくまん ㉒ごうれい ㉓くら
㉔ひゃくちょう ㉕かごしま ㉖ともばたら
㉗ひょうご ㉘しきてん ㉙ひ ㉚た

読《よ》み問題《もんだい》②（43ページ）

①はじ ②わか ③りよう ④さっしん
⑤ふくどく ⑥くわ ⑦こう ⑧つと
⑨くろう ⑩いさ ⑪ほう
⑫きょうちょう ⑬そつえん ⑭はくがく
⑮じついん ⑯めじるし ⑰さんか
⑱ししょ ⑲かくじ ⑳いっしゅう
㉑きよう ㉒とな ㉓かた ㉔じょうない
㉕みやぎ ㉖さいたま ㉗えんぶん
㉘か ㉙ふじん ㉚うしな

読《よ》み問題《もんだい》③（44ページ）

①かながわ ②だいこうぶつ ③す
④えひめ ⑤たんい ⑥しそん ⑦かんぜん
⑧がいこうかん ⑨がい ⑩とやま
⑪さつ ⑫おかやま ⑬ぎふ ⑭みやざき
⑮さ ⑯きしょう ⑰せき ⑱お
⑲かいてい ⑳きょうとふ ㉑けんこう
㉒けん ㉓さ ㉔ちょっけい ㉕とほ
㉖とくよう ㉗とみ ㉘すばこ ㉙お
㉚おきなわ

読《よ》み問題《もんだい》④（45ページ）

①な ②おさ ③ぜんち ④えいご ⑤あさ
⑥よくしつ ⑦せいりゅう ⑧ち ⑨しが
⑩み ⑪りょう ⑫にいがた ⑬げい
⑭ふろく ⑮はつが ⑯いばらき ⑰みずな
⑱うみべ ⑲ぞく ⑳つら ㉑たっ ㉒えら
㉓ぐん ㉔おおさか ㉕りく ㉖たい
㉗かなら ㉘あいよう ㉙せい ㉚たたか

読《よ》み問題《もんだい》⑤（46ページ）

①せんきょ ②あらた ③しょうはい
④はっさん ⑤きよ ⑥はた ⑦やけい
⑧さくねん ⑨さいしゅう ⑩ようぼう
⑪ねんまつ ⑫みらい ⑬しょうせつ ⑭は
⑮さか ⑯めいあん ⑰なし ⑱さつたば
⑲ざいりょう ⑳しょうちくばい ㉑とちぎ
㉒うめ ㉓きかい ㉔なんきょく
㉕ひょうこう ㉖か ㉗ざんきん ㉘しめい
㉙む ㉚ようきゅう

読《よ》み問題《もんだい》⑥（47ページ）

①とうだい ②ゆうや ③てんねん ④ぶじ
⑤にっしょう ⑥くまもと ⑦かねつ
⑧ゆうぼくみん ⑨とくしょく ⑩いわ
⑪としお ⑫う ⑬まとはず ⑭はんせい
⑮とうひょう ⑯しゅるい ⑰めんせき
⑱きょうそう ⑲ち ⑳わら ㉑きせつ
㉒くだ ㉓やく ㉔きゅう ㉕むす
㉖れんけつ ㉗つづ ㉘なわ ㉙むら
㉚しあい

読《よ》み問題《もんだい》⑦（48ページ）

①まちかど ②いふく ③はっかく ④かんこう ⑤くんよ ⑥かいりょう ⑦こころ ⑧と ⑨ほうかご ⑩ぎ ⑪か ⑫しゅくがかい ⑬かいぐん ⑭いちりんしゃ ⑮じてん ⑯りょう ⑰だいじん ⑱ぶさほう ⑲ぼうえんきょう ⑳かか ㉑けん ㉒あんせい ㉓めし ㉔じゅんばん ㉕たぐ ㉖ねんがん ㉗と ㉘やしな ㉙かお ㉚こじか

書《か》き問題《もんだい》①（49ページ）

①挙 ②愛知 ③浅 ④辺 ⑤熱 ⑥浴 ⑦案内 ⑧以下 ⑨一億人 ⑩井戸 ⑪茨城 ⑫祝 ⑬印刷 ⑭梅 ⑮英語 ⑯栄養 ⑰愛媛 ⑱置 ⑲折 ⑳大阪府 ㉑沖縄 ㉒夫 ㉓帯 ㉔覚 ㉕借 ㉖変 ㉗会議室 ㉘改札口 ㉙鏡 ㉚香川

書《か》き問題《もんだい》②（50ページ）

①各地 ②加工 ③鹿児島 ④家臣 ⑤固 ⑥課題 ⑦合唱 ⑧要 ⑨貨物 ⑩官 ⑪観察 ⑫完成 ⑬関東 ⑭管理 ⑮機械 ⑯気候 ⑰季節 ⑱記念日 ⑲岐阜 ⑳希望 ㉑給食 ㉒清 ㉓共通 ㉔協力 ㉕漁船 ㉖首輪 ㉗加 ㉘軍隊 ㉙郡部 ㉚群馬

書《か》き問題《もんだい》③（51ページ）

①訓練 ②芸 ③競馬場 ④景気 ⑤結果 ⑥欠席 ⑦健康 ⑧試 ⑨国旗 ⑩固定 ⑪好 ⑫佐 ⑬差 ⑭覚 ⑮材 ⑯最初 ⑰埼玉 ⑱佐賀 ⑲昨夜 ⑳参考書 ㉑産地 ㉒治 ㉓塩 ㉔滋賀 ㉕鹿 ㉖司会 ㉗自信 ㉘静 ㉙静岡 ㉚自然

書《か》き問題《もんだい》④（52ページ）

①失敗 ②辞典 ③児童 ④四辺形 ⑤氏名 ⑥住民 ⑦種類 ⑧順位 ⑨省 ⑩上達 ⑪商店街 ⑫消灯 ⑬食器 ⑭城 ⑮白熊 ⑯刷 ⑰末 ⑱巣立 ⑲成功 ⑳生徒 ㉑折 ㉒積極的 ㉓説明 ㉔選手 ㉕戦争 ㉖前兆 ㉗倉庫 ㉘側面 ㉙底 ㉚卒業

書《か》き問題《もんだい》⑤（53ページ）

①建 ②大群 ③体験 ④種 ⑤便 ⑥単語 ⑦散 ⑧地帯 ⑨積 ⑩伝 ⑪包 ⑫続 ⑬積 ⑭冷 ⑮連 ⑯照 ⑰伝票 ⑱富 ⑲飛 ⑳道徳 ㉑徳島 ㉒特別 ㉓栃木 ㉔努力 ㉕泣 ㉖成 ㉗無 ㉘治 ㉙長崎 ㉚仲直

書《か》き問題《もんだい》⑥（54ページ）

①名札 ②奈良 ③新潟 ④願 ⑤年賀 ⑥残 ⑦望 ⑧量 ⑨白衣 ⑩博物館 ⑪働 ⑫初 ⑬果 ⑭省 ⑮飯 ⑯半径 ⑰低 ⑱飛行機 ⑲必要 ⑳兵庫 ㉑副 ㉒福岡 ㉓節目 ㉔不便 ㉕付録 ㉖兵隊 ㉗変化 ㉘法 ㉙富 ㉚牧場

書《か》き問題《もんだい》⑦（55ページ）

①参 ②孫 ③松 ④周 ⑤満 ⑥未満 ⑦無休 ⑧命令 ⑨芽生 ⑩目標 ⑪最 ⑫求 ⑬焼 ⑭約束 ⑮野菜 ⑯養 ⑰矢印 ⑱敗 ⑲山梨 ⑳有害 ㉑勇気 ㉒良 ㉓陸上部 ㉔利口 ㉕料理 ㉖冷静 ㉗例題 ㉘老 ㉙労働 ㉚笑

★都《と》道《どう》府《ふ》県《けん》の漢字《かんじ》（56ページ）

①北海道 ②青森 ③岩手 ④宮城 ⑤秋田 ⑥山形 ⑦福島 ⑧茨城 ⑨栃木 ⑩群馬 ⑪埼玉 ⑫千葉 ⑬東京 ⑭神奈川 ⑮新潟 ⑯富山 ⑰石川 ⑱福井 ⑲山梨 ⑳長野 ㉑岐阜 ㉒静岡 ㉓愛知 ㉔三重 ㉕滋賀 ㉖京都 ㉗大阪 ㉘兵庫 ㉙奈良 ㉚和歌山 ㉛鳥取 ㉜島根 ㉝岡山 ㉞広島 ㉟山口 ㊱徳島 ㊲香川 ㊳愛媛 ㊴高知 ㊵福岡 ㊶佐賀 ㊷長崎 ㊸熊本 ㊹大分 ㊺宮崎 ㊻鹿児島 ㊼沖縄

5年生《ねんせい》の漢字《かんじ》

読《よ》み問題《もんだい》①（58ページ）

①じきゅうそう　②ほとけさま　③かせつ
④にん　⑤さらいしゅう　⑥にがおえ
⑦こうか　⑧ほいくえん　⑨こ　⑩おさ
⑪ていでん　⑫そな　⑬まよ　⑭よぶん
⑮ふたた　⑯かんこう　⑰はんだん
⑱せいふく　⑲ほうそく　⑳き
㉑せいりょく　㉒あつで　㉓かのうせい
㉔く　㉕にほんし　㉖よこく　㉗き
㉘よういん　㉙だんご　㉚しゅうい

読《よ》み問題《もんだい》②（59ページ）

①あつりょく　②あ　③けつえきがた
④きじゅん　⑤ほんどう　⑥つうほう
⑦ぼち　⑧きんとう　⑨さかい　⑩ふ
⑪うんてんし　⑫むちゅう　⑬あいさいか
⑭しんぷ　⑮びょういん　⑯きこう
⑰みちび　⑱いのこ　⑲しょぞく　⑳ぬの
㉑じょうれん　㉒みき　㉓じょ　㉔べん
㉕は　㉖おうらい　㉗え　㉘けい
㉙えいぎょう　㉚こころよ

読《よ》み問題《もんだい》③（60ページ）

①なさ　②な　③しょうしゅう　④と
⑤でんじゅ　⑥せっ　⑦ていあん　⑧そん
⑨ひょうがき　⑩こんざつ　⑪げんしょう
⑫かんそく　⑬えんしゅう　⑭けつ
⑮はんにん　⑯ひと　⑰きじゅつ　⑱さか
⑲あんい　⑳つく　㉑す　㉒てき
㉓ぼうさい　㉔かぎ　㉕けんあく
㉖こくさい　㉗たいおう　㉘いし
㉙せいたい　㉚しりゅう

読《よ》み問題《もんだい》④（61ページ）

①こい　②せいじ　③きゅうきゅうしゃ
④ふっきゅう　⑤やさ　⑥ぼうげん
⑦じょうけん　⑧ささつ　⑨えだわ
⑩さくら　⑪かくべつ　⑫てんけん
⑬こうぞう　⑭むしゃ　⑮れきだい
⑯さっき　⑰どく　⑱くら　⑲なが　⑳も
㉑しゅっぱん　㉒しょうじょう
㉓あらわ　㉔せんぞ　㉕こ　㉖みゃく
㉗ひき　㉘と　㉙せんりゃく　㉚むえき

読《よ》み問題《もんだい》⑤（62ページ）

①がんか　②どくは　③たし　④しじ
⑤きん　⑥うつ　⑦しょうひぜい　⑧ていど
⑨しゃざい　⑩ふくせい　⑪けんちく
⑫かふん　⑬せいしん　⑭そしつ
⑮きこうぶん　⑯へ　⑰た　⑱とういつ
⑲そうごう　⑳めんせい　㉑へんしゅう
㉒ぎょうせき　㉓そしき　㉔ぎむ　㉕こうぐ
㉖しょくにん　㉗しゃ　㉘こうかい
㉙ぎじゅつ　㉚えいせい

読《よ》み問題《もんだい》⑥（63ページ）

①じょうぎ　②りかい　③と　④ゆる
⑤もう　⑥しょうしょ　⑦ひょうばん
⑧こうしゅうかい　⑨しきべつ　⑩ごし
⑪ほうふ　⑫ぞう　⑬せ　⑭びん　⑮か
⑯ぼうえき　⑰しりょう　⑱ぜっさん
⑲ざいさん　⑳ちょすいりょう　㉑ゆにゅう
㉒さんみ　㉓ふっこう　㉔こうぶつ
㉕どうぞう　㉖ぞうきばやし　㉗ひばいひん
㉘しいく　㉙ようりょう　㉚ひたい

書《か》き問題《もんだい》① (64ページ)

①編 ②厚 ③暴 ④余 ⑤勢 ⑥移動
⑦営 ⑧印象 ⑨運河 ⑩永久歯 ⑪衛星
⑫液状 ⑬枝 ⑭演説 ⑮往復 ⑯貸 ⑰飼
⑱快適 ⑲囲 ⑳火災 ㉑型 ㉒構 ㉓仮
㉔眼科 ㉕感謝 ㉖築 ㉗規則 ㉘基本
㉙逆流 ㉚境界線

書《か》き問題《もんだい》② (65ページ)

①興味 ②許可 ③金額 ④禁止 ⑤金属
⑥句点 ⑦経営 ⑧血圧 ⑨欠航 ⑩険
⑪原因 ⑫検査 ⑬現在 ⑭効果 ⑮合格
⑯校舎 ⑰鉱石 ⑱交通費 ⑲講師 ⑳志
㉑個性 ㉒応 ㉓断 ㉔粉薬 ㉕小麦粉
㉖殺 ㉗再生 ㉘財政 ㉙採点 ㉚桜

書《か》き問題《もんだい》③ (66ページ)

①支 ②雑務 ③賛成 ④酸素 ⑤散布
⑥山脈 ⑦資格 ⑧事故 ⑨実際 ⑩質問
⑪指導 ⑫志望 ⑬示 ⑭習慣 ⑮住居
⑯集団 ⑰修理 ⑱授業 ⑲主張 ⑳主婦
㉑順序 ㉒準備 ㉓消毒 ㉔賞品 ㉕証明
㉖条約 ㉗省略 ㉘職員室 ㉙新刊
㉚新幹線

書《か》き問題《もんだい》④ (67ページ)

①過 ②救 ③正確 ④正義 ⑤税金
⑥清潔 ⑦制限 ⑧成績 ⑨製造 ⑩精度
⑪責任 ⑫接近 ⑬絶対 ⑭設備 ⑮増加
⑯総画数 ⑰祖母 ⑱損得 ⑲態度 ⑳耕
㉑保 ㉒単独 ㉓貯金箱 ㉔告 ㉕通過
㉖務 ㉗常 ㉘妻 ㉙罪 ㉚停車

書《か》き問題《もんだい》⑤ (68ページ)

①提出 ②手織 ③伝統 ④解 ⑤堂 ⑥銅
⑦得意 ⑧特技 ⑨内容 ⑩似 ⑪日程
⑫燃料 ⑬述 ⑭能力 ⑮墓 ⑯測 ⑰判
⑱版画 ⑲久 ⑳美術館 ㉑非常 ㉒肥満
㉓評価 ㉔標識 ㉕比率 ㉖世紀 ㉗複数
㉘武士 ㉙復旧 ㉚仏像

書《か》き問題《もんだい》⑥ (69ページ)

①増 ②防 ③減 ④平均点 ⑤弁当
⑥貿易 ⑦報告 ⑧防犯 ⑨保護 ⑩混
⑪任 ⑫貧 ⑬招 ⑭迷 ⑮増 ⑯破
⑰友情 ⑱輸送 ⑲豊 ⑳夢 ㉑寄 ㉒用件
㉓余計 ㉔喜 ㉕利益 ㉖保留 ㉗領土
㉘留守番 ㉙歴史 ㉚綿毛

★特別《とくべつ》な読《よ》み方《かた》の漢字《かんじ》 読《よ》み問題《もんだい》 (70ページ)

①おとな ②かわら ③じょうず
④たなばた ⑤ついたち
⑥はつか (にじゅうにち) ⑦ひとり
⑧ふたり ⑨ふつか ⑩へた
⑪あす (みょうにち) ⑫かあ・とう
⑬きょう (こんにち)・きのう (さくじつ)
⑭けさ ⑮ことし ⑯どけい ⑰にい・ねえ
⑱へや ⑲まじめ ⑳まっか ㉑まっさお
㉒やおや ㉓くだもの ㉔けしき
㉕しみず (きよみず) ㉖てつだ
㉗まいご・ともだち ㉘かわら ㉙はかせ
㉚めがね

6年生《ねんせい》の漢字《かんじ》

読《よ》み問題《もんだい》①（72ページ）

①なみきみち ②みだ ③ちち ④ぼうめい
⑤じんとく ⑥そな ⑦かち ⑧はいゆう
⑨こめだわら ⑩そんしょう ⑪とうしゅ
⑫さんさつ ⑬しょほう
⑭にゅうじょうけん ⑮きざ ⑯わりだか
⑰つく ⑱げきやく ⑲つと ⑳あぶ
㉑たまご ㉒かん ㉓おさ ㉔こうたいごう
㉕ひてい ㉖よ ㉗す ㉘こきゅう
㉙こま ㉚た

読《よ》み問題《もんだい》②（73ページ）

①りょういき ②がっそう ③ふる
④しせい ⑤げんそん（げんぞん）
⑥ちゅうこう ⑦うちゅう ⑧きたく
⑨しゅうきょう ⑩こくほう ⑪せんげん
⑫いっすん ⑬せんもんか ⑭い
⑮しょうぐん ⑯とうと（たっと）
⑰しゅうがく ⑱しゅくしゃく
⑲けっせきとどけ ⑳ちそう ㉑じこ
㉒まく ㉓かんがい ㉔ようじょう
㉕いただき ㉖せいざ ㉗の
㉘ちょうりつ ㉙じゅうぎょういん
㉚げんみつ

読《よ》み問題《もんだい》③（74ページ）

①ひひょう ②かくさん ③たんとう
④おが ⑤しや ⑥すいしん ⑦たんけん
⑧しきしゃ ⑨そうじゅう ⑩うみぞ
⑪せんれん ⑫はせい ⑬けいざい
⑭みなもと ⑮ふうちょう ⑯げきつう
⑰わか ⑱ちょしゃ ⑲じょうき
⑳ぞうしょ ㉑いんたい ㉒いさん
㉓きょうど ㉔ゆうびん ㉕お ㉖のぞ
㉗しじょう ㉘わす ㉙しゃおんかい
㉚りっけん

読《よ》み問題《もんだい》④（75ページ）

①われさき ②でんしょう ③うやま
④きょうてき ⑤く ⑥うつ ⑦あさばん
⑧あたた ⑨めいろう ⑩そ ⑪つくえ
⑫じゅうまい ⑬かぶか ⑭ぼう ⑮きぼ
⑯けんりょく ⑰しょくじゅ ⑱いよく
⑲ねだん ⑳いずみ ㉑はい ㉒はんじゅく
㉓かたて ㉔はんちょう ㉕いちょう
㉖はい ㉗どきょう ㉘しゅのう ㉙はらま
㉚ぞうき

読《よ》み問題《もんだい》⑤（76ページ）

①いこく ②うたが ③てんのうへいか
④も ⑤かめい ⑥かんごし ⑦すなば
⑧じき ⑨しぶつ ⑩しんぴてき
⑪ざっこくまい ⑫あなば ⑬どうそうかい
⑭しょめい ⑮ほきょう ⑯せすじ（はいきん）
⑰さんさく ⑱かんけつ ⑲とうぶん
⑳けいとう ㉑くちべに ㉒じゅんど
㉓しゅうのう ㉔きぬおりもの
㉕よくしゅう ㉖せいどう ㉗しふく
㉘したう ㉙さんしぎょう
㉚がっしゅうこく

読《よ》み問題《もんだい》⑥（77ページ）

①さいだん ②そうび ③うらがえ ④と
⑤てんらんかい ⑥けいしちょう ⑦とうぎ
⑧ほうもん ⑨やく ⑩どうし ⑪せいじつ
⑫ごじ ⑬にっし ⑭みと ⑮しょとう
⑯せいたん ⑰べんろん ⑱きちょうひん
⑲やちん ⑳りんかい ㉑はり ㉒せんとう
㉓てっこうぎょう ㉔へいてん ㉕かくぎ
㉖むずか ㉗かくめい ㉘いただ ㉙よきん
㉚こっかく

書《か》き問題《もんだい》①（78ページ）

①預　②穴　③誤　④洗　⑤安否　⑥痛
⑦至　⑧胃腸薬　⑨遺伝　⑩宇宙　⑪裏側
⑫運賃　⑬映画　⑭絵巻物　⑮沿革　⑯延期
⑰演奏　⑱補　⑲納　⑳幼　㉑親孝行
㉒恩人　㉓温泉　㉔温暖　㉕蚕　㉖解除
㉗改善　㉘拡大　㉙家系図　㉚歌詞

書《か》き問題《もんだい》②（79ページ）

①仮装　②片道　③株　④簡単　⑤看板
⑥観覧車　⑦危険　⑧傷口　⑨貴族　⑩絹
⑪厳　⑫疑問点　⑬吸収　⑭牛乳　⑮金銭
⑯筋肉　⑰暮　⑱警報　⑲検討　⑳憲法
㉑権利　㉒皇后陛下　㉓降車　㉔高層
㉕鋼鉄製　㉖紅白　㉗口論　㉘故郷
㉙穀物　㉚故障

書《か》き問題《もんだい》③（80ページ）

①異　②子供　③困難　④探　⑤座席
⑥雑誌　⑦冊数　⑧砂糖　⑨裁　⑩閉
⑪潮風　⑫自己　⑬時刻　⑭従　⑮自宅
⑯舌足　⑰死亡　⑱尺度　⑲就職　⑳宗派
㉑熟　㉒樹立　㉓純白　㉔乗車券　㉕承知
㉖蒸発　㉗消防署　㉘将来　㉙食欲　㉚諸国

書《か》き問題《もんだい》④（81ページ）

①処分　②退　③視力　④磁力　⑤仁愛
⑥捨　⑦済　⑧垂直　⑨推理　⑩姿　⑪頭脳
⑫寸法　⑬背　⑭誠意　⑮聖火　⑯政党
⑰宣伝　⑱専念　⑲染　⑳創立　㉑尊敬
㉒存分　㉓体操　㉔宝物　㉕訪　㉖縦　㉗卵
㉘誕生日　㉙地域　㉚縮

書《か》き問題《もんだい》⑤（82ページ）

①忠実　②注射　③頂上　④著名　⑤通勤
⑥机　⑦提供　⑧敵　⑨鉄棒　⑩電源
⑪天守閣　⑫同盟　⑬都庁　⑭届　⑮土俵
⑯並　⑰人形劇　⑱値段　⑲灰色　⑳肺臓
㉑俳句　㉒拝読　㉓幕末　㉔激　㉕発揮
㉖発展　㉗班　㉘晩　㉙秘策　㉚批判

書《か》き問題《もんだい》⑥（83ページ）

①秒針　②降　③分担　④奮発　⑤干
⑥法律　⑦骨　⑧枚数　⑨窓　⑩満腹
⑪密度　⑫認　⑬民衆　⑭胸　⑮模型
⑯山盛　⑰優勝　⑱郵送　⑲呼　⑳翌日
㉑乱反射　㉒臨時　㉓冷蔵庫　㉔朗読
㉕割　㉖若者　㉗訳　㉘忘　㉙私　㉚我

★特別《とくべつ》な読《よ》み方《かた》の漢字《かんじ》 書《か》き問題《もんだい》（84ページ）

①大人　②川原（河原）　③上手　④七夕
⑤一日　⑥二十日　⑦一人　⑧二日　⑨下手
⑩明日　⑪今日　⑫今朝　⑬今年
⑭父・眼鏡　⑮時計　⑯姉・二人　⑰部屋
⑱真面目　⑲真っ赤　⑳真っ青
㉑八百屋　㉒昨日　㉓果物　㉔景色
㉕清水　㉖手伝　㉗友達・母　㉘兄
㉙博士　㉚迷子

すみっコぐらし 小学6年間の漢字 スピード 総復習ドリル

編　者　主婦と生活社 学習参考書編集部
編集人　青木英衣子
発行人　倉次辰男
発行所　株式会社 主婦と生活社
〒104-8357　東京都中央区京橋 3-5-7
編集部　☎03-3563-5211
販売部　☎03-3563-5121
生産部　☎03-3563-5125
https://www.shufu.co.jp
製版所　株式会社 二葉企画
印刷所　大日本印刷株式会社
製本所　大日本印刷株式会社
ISBN978-4-391-15373-6

落丁・乱丁の場合はお取り替えいたします。
お買い求めの書店か、小社生産部までお申し出ください。

装丁● bright light
編集協力●株式会社 日本レキシコ
本文デザイン●ニシ工芸株式会社
（小林友利香・西山克之）
校正●株式会社 鷗来堂
監修●サンエックス株式会社
（桐野朋子・上杉葉子）

株式会社 主婦と生活社
編集●遠藤純・佐々郁子・殿塚郁夫